名师名校名校长

凝聚名师共识
固态名师关怀
打造名师品牌
培育名师群体
程晓斌远影

悦读阅美

幼儿绘本教育主题活动

万莉 刘晓琼 主编

中国出版集团 现代出版社

图书在版编目（CIP）数据

悦读阅美：幼儿绘本教育主题活动 / 万莉，刘晓琼
主编. — 北京：现代出版社，2023.3
ISBN 978-7-5231-0245-9

Ⅰ.①悦… Ⅱ.①万… ②刘… Ⅲ.①学前教育—教
学参考资料 Ⅳ.①G613

中国国家版本馆CIP数据核字（2023）第045494号

悦读阅美：幼儿绘本教育主题活动

作　　者	万　莉　刘晓琼	
责任编辑	窦艳秋	
出版发行	现代出版社	
地　　址	北京市安定门外安华里504号	
邮政编码	100011	
电　　话	010-64267325　64245264	
网　　址	www.1980xd.com	
印　　制	北京政采印刷服务有限公司	
开　　本	710mm×1000mm　1/16	
印　　张	12.5	
字　　数	200千字	
版　　次	2023年3月第1版　　2022年3月第1次印刷	
书　　号	ISBN 978-7-5231-0245-9	
定　　价	58.00元	

编 委 会

主　编：万　莉　刘晓琼

编　委：黄长根　彭振龙　康晓燕

　　　　张安芳　陈　蕾　许　晴

前　言

　　绘本资源蕴含着丰富的课程价值，既有外在的形式美，又有内在的意蕴美。湖北省潜江市机关幼儿园从园本课程建设的视角开辟绘本资源的利用之路，探索绘本阅读的实践新路径，凸显绘本教育活动在幼儿发展取向、社会文化和知识取向方面的重要性，旨在促进幼儿与生活经验上的链接更愉悦、思想上的拓展更活跃、游戏化的创作表达更独特、情感的传递更浓厚。

　　《悦读阅美：幼儿绘本教育主题活动》一书是本园承担的湖北省潜江市教育科学规划"十四五"重点课题"基于绘本的幼儿创意戏剧主题活动设计研究"的实践成果，以《3～6岁儿童学习与发展指南》为引领，以儿童经典故事为载体，经过多轮实践验证和打磨优化，生成小、中、大三个年龄段10个主题活动设计，具有较强的整体性、活动性、潜在性和启蒙性，为一线幼儿园教师提供借鉴与参考。

　　本书在编写的过程中围绕"1+五+N"模式设计主题活动方案，"1"是以1个绘本故事为媒介，组织幼儿进行讨论活动，提炼确定活动主题；"五"是以五大领域幼儿核心经验为基础，遵循幼儿学习方式与特点，拓展故事内容，从主题活动背景、主题活动目标、主题环境创设、家园共育、故事资源、主题教学活动方面构建绘本教育主题活动方案，实现幼儿对活动主题的认知、体验、思考与想象的萌芽；"N"是"主题+"形式下的绘本故事、学习活动、生活活动、游戏活动、户外活动的有效融合，是幼儿建造温暖的精神空间与心灵家园的互动学习过程，体现了"自主、自由、愉悦、创造"的游戏精神，引发幼儿无限的遐想与对美好的共鸣。

课程资源的挖掘和利用来自幼儿的社会生活与文化环境，是幼儿园课程建设的一项重要工作。关于绘本教育活动的实践与思考我们还在继续，期待与幼教同人在且行且思的专业化成长道路上深耕细作。

在课题研究和成果凝练的过程中，我们得到了潜江市教育局、潜江市教育科学研究所等各级领导及专家们的悉心指导与大力支持，在此一并表示衷心的感谢！

作者

2023年1月

目 录

小班篇

中班篇

大班篇

小班篇

绘本《拔萝卜》主题活动

◎ 主题活动背景

　　《拔萝卜》是儿童经典故事，讲述的是老公公带领老婆婆、小姑娘、小黄狗、小花猫和小老鼠一起拔萝卜的故事。里面既有勤劳的老公公、慈祥的老婆婆、漂亮可爱的小姑娘，又有乐于帮忙的小花猫、小黄狗，还有那只有一点点力气却很了不起的小老鼠。丰富的形象设计，典型的个性特点，有趣的故事情节，简短的语词重复，让幼儿乐在其中，在故事情节的发展过程中初步感受团结力量大的道理。特别是"嗨哟嗨哟，拔呀拔，拔不动，小姑娘，小姑娘，快来帮忙拔萝卜"符合小班幼儿趣味性和表演性相结合的心理需求。

　　《3~6岁儿童学习与发展指南》中指出，引导幼儿感受文学作品的美，有意识地引导幼儿欣赏或模仿文学作品的语言节奏和韵律。基于小班幼儿的年龄特点，以绘本故事《拔萝卜》为载体，结合五大领域教学目标设计主题活动方案，开展系列教育活动、区域活动以及环境创设，帮助幼儿了解故事内容与情节，引导幼儿根据故事内容自主选择喜欢的角色进行简单的语言、表情和动作的表演，学习与同伴合作，从而获得情感与态度、认知与能力等多方面的发展。

◎ 主题活动目标

　　（1）愿意倾听故事，在游戏活动中感受互帮互助的快乐。

　　（2）大胆讲述故事，尝试按故事的主要情节和角色特点进行表演。

（3）熟悉故事情节，初步掌握《拔萝卜》音乐旋律和节奏，懂得团结合作力量大的道理。

◎ 主题环境创设

1. 主题墙

以"拔萝卜"为主题，设计四个板块。

板块一："好吃的萝卜"。萝卜制作的各种美食图片。

板块二："萝卜拓印画"。幼儿拓印作品展示。

板块三："萝卜大丰收"。萝卜生长过程图，粘贴大小不同的白萝卜、红萝卜、胡萝卜、青萝卜卡片。

板块四："嗨哟嗨哟拔萝卜"。呈现拔萝卜时故事情节顺序图，帮助幼儿加深对故事内容的了解。

2. 区域创设

区域名称	活动材料
阅读区	1.故事绘本《拔萝卜》及音频视频，供幼儿阅读欣赏 2.提供《拔萝卜》故事顺序图、小动物手偶，开展"我来讲故事"活动，进一步帮助幼儿理解故事内容
美工区	1.提供彩纸，让幼儿进行小白兔折纸活动 2.投放橡皮泥、黏土，让幼儿制作萝卜 3.提供小动物的五官图片，让幼儿粘贴小动物的五官
表演区	1.布置"拔萝卜"游戏场景，提供《拔萝卜》录音故事及小动物头饰和服饰等，让幼儿边听故事边表演 2.提供《拔萝卜》歌曲，让幼儿听音乐进行故事情境表演
益智区	1.自制拼图（每个8块），幼儿对照小动物图片进行"拼一拼"游戏 2.提供小动物角色卡片，引导幼儿按小动物参加拔萝卜的故事顺序进行"粘粘乐"游戏
科学区	1.开展萝卜种植活动，通过土培、水培等形式引导幼儿观察萝卜的生长变化过程 2.提供不同颜色或大小的萝卜图片，让幼儿尝试分类、排序 3.提供若干萝卜和数字1~5的卡片，让幼儿尝试"找朋友"数物对应游戏

◎ 家园共育

1. 社会实践

家长和幼儿到超市、农家种植地去观察各种各样的萝卜。

2. 家长助教

家长配合教师开展微剧场《拔萝卜》表演活动。

3. 共读时光

家长陪伴幼儿阅读绘本故事，营造良好的家庭阅读氛围。

4. 家长沙龙

组织家长们分享活动中的感受和经验，提升家长的家庭教育能力。

5. 美味美食

家长志愿者提供用萝卜制作的各种美食，教师组织幼儿在班级内开展品尝活动。

◎ 故事资源

拔萝卜

老公公种了个萝卜，他对萝卜说："长吧，长吧，萝卜啊，长得甜甜的！长吧，长吧，长得大大的！"萝卜越长越大，大得不得了。

老公公就去拔萝卜。他拉住萝卜的叶子，"嗨哟，嗨哟"拔呀拔，拔不动。老公公喊："老婆婆，老婆婆，快来帮忙拔萝卜！""唉！来了，来了。"

老婆婆拉着老公公，老公公拉着萝卜的叶子，一起拔萝卜"嗨哟，嗨哟"拔呀拔，还是拔不动。老婆婆喊小姑娘："小姑娘，小姑娘，快来帮忙拔萝卜！""唉！来了，来了。"

小姑娘拉着老婆婆，老婆婆拉着老公公，老公公拉着萝卜的叶子，一起拔萝卜"嗨哟，嗨哟"拔呀拔，还是拔不动。小姑娘喊："小花狗，小花狗，快来帮忙拔萝卜！""汪汪汪！来了，来了。"

　　小花狗拉着小姑娘，小姑娘拉着老婆婆，老婆婆拉着老公公，老公公拉着萝卜的叶子，一起拔萝卜"嗨哟，嗨哟"拔呀拔，还是拔不动。小花狗喊："小花猫，小花猫，快来帮忙拔萝卜！""喵喵喵！来了，来了。"

　　小花猫拉着小花狗，小花狗拉着小姑娘，小姑娘拉着老婆婆，老婆婆拉着老公公，老公公拉着萝卜的叶子，一起拔萝卜"嗨哟，嗨哟"拔呀拔，还是拔不动。小花狗喊："小老鼠，小老鼠，快来帮忙拔萝卜！""吱吱吱！来了，来了。"

　　小老鼠拉着小花猫，小花猫拉着小花狗，小花狗拉着小姑娘，小姑娘拉着老婆婆，老婆婆拉着老公公，老公公拉着萝卜的叶子，一起拔萝卜"嗨哟，嗨哟"拔呀拔，大萝卜有点动了，再用力地拔呀拔，大萝卜拔出来啦，他们高高兴兴地把萝卜抬回家去了。

◎ 主题教学活动

活动一

拔萝卜

（重点领域：语言）

（一）活动目标

（1）愿意和同伴一起阅读绘本故事《拔萝卜》，感受"一呼一应"的语言趣味。

（2）能够用较为完整的语言表达自己观察到的画面内容。

（3）了解故事的主要情节，尝试模仿故事人物对话。

（二）活动准备

（1）知识经验准备：能用完整语句表达自己的想法。

（2）物质材料准备：《拔萝卜》PPT，道具"大萝卜"，各角色头饰若干。

（三）活动过程

1.观察"大萝卜"道具，激发阅读兴趣

师：萝卜丰收啦！小朋友们，你们拔过萝卜吗？你们是怎么拔萝卜的？

教师出示道具引发孩子们对于"大萝卜"个头的惊奇，为"拔萝卜"的故事埋下伏笔。

2. 逐页阅读绘本，了解故事情节

（1）播放绘本故事，引发幼儿讨论。

师：谁种了一个大萝卜？谁来拔萝卜了？

老公公为什么拔不动萝卜呢？他想了一个什么好办法？

他们一起能把萝卜拔出来吗？最后萝卜拔出来了吗？他们是怎么拔出来的呢？

鼓励幼儿发挥想象，支持幼儿通过各种方式表达对绘本内容的理解。通过提问帮助幼儿理解：一个人的力量是有限的，遇到困难要学会向别人求助，人多力量大的道理。

（2）完整欣赏绘本，尝试模仿句式。

教师一边播放绘本图片，一边生动形象地讲述故事，注意语言的高低、强弱、快慢。在故事讲述过程中有意强调"嗨哟嗨哟""快来帮我拔萝卜""来了来了"等固定句式，为幼儿故事表演做好前期经验准备。

师：老公公是怎么拔萝卜的？他是怎么叫来老婆婆帮忙的？老婆婆是怎么回答的呢？

通过提问，帮助幼儿巩固"一问一答"的固定句式，感受"一呼一应"的语言韵律美。

3. 表演绘本故事，理解故事主题

（1）教师出示角色头饰，幼儿自主选择，分组进行故事表演。

支持幼儿的自主表演，鼓励幼儿用不同的语言、动作、表情等方式表演。通过亲身体验，促使幼儿在情境中灵活运用绘本语言去表达需求和情感，从而更加深刻地体会到主人公拔出大萝卜后的喜悦心情。

（2）集体分享喜悦，升华绘本主题。

师：大萝卜终于拔出来啦！老公公老婆婆为了感谢大家的帮忙，给大家送来了好吃的萝卜饼，咱们一起来尝尝吧！

师：当我们一个人拔不动萝卜的时候应该怎么做？怎么说？在我们遇到困难，自己解决不了的时候，又该怎么做呢？

在分享交流中，潜移默化地将"人多力量大"的道理浸润进幼儿心里。

4. 延伸故事内容，自然结束活动

师：老师要把这些故事书送给小三班的小朋友，可是我一个人根本搬不动，谁能帮帮我？

将故事主题内容拓展到现实生活，延续"一起拔出萝卜"喜悦的同时，体验帮助别人的成就感，让绘本故事所传达的主题思想再次得到升华。

（四）活动延伸

1. 区域延伸

在阅读区投放《拔萝卜》的绘本故事及音频文件，帮助幼儿进一步巩固故事中的基本句式。

2. 家园延伸

家长和幼儿一起在原有故事内容的基础上创编新的任务与情节，并亲子制作绘本故事。

潜江市机关幼儿园

许晴

活动二

运萝卜

（重点领域：健康）

（一）活动目标

（1）愿意参与钻山洞的游戏，体验运萝卜游戏的快乐。

（2）能遵守游戏规则，动作协调地钻过山洞。

（3）学习正面向前钻的动作。

（二）活动准备

（1）知识经验准备：能听懂基本指令，有参与游戏的经验。

（2）物质材料准备：萝卜若干、哨子、音响、小篮子4个、大圆滚筒、彩色塑料圈、田地的场景及赛道布置。

（三）活动过程

1. 创设情境，热身活动

（1）教师以老爷爷的身份谈话引入，激发幼儿兴趣。

师：宝宝们，大家好！老爷爷家今年的萝卜大丰收，地里长满了萝卜！老爷爷想请你们去帮一帮他，你们愿意帮老爷爷将萝卜运回家吗？

（2）播放音乐，师幼热身活动。

师：让我们一起来活动下身体，准备去帮助老爷爷吧！摇一摇你的脑袋，扭一扭你的身体，摆一摆你的小手，转一转你的脚腕。

2. 学习正面向前钻的动作

（1）教师引导幼儿模仿钻山洞。

师：去老爷爷的地里要经过一个小山洞，你们要学习一项新本领才能过去。怎样钻过山洞呢？

请个别幼儿展示钻山洞的动作，教师点评并总结动作要领：先蹲下来，把头低下，弯下腰，慢慢地钻过去。

（2）教师示范钻的动作，规范幼儿正面向前钻的动作。

师：在钻的过程中，一定要蹲下来，把头低下，弯下腰，慢慢往前走，不要推挤旁边的宝宝，以免发生危险。（教师边讲解边示范）小朋友们，你们学会了吗？

（3）分组进行钻的练习。

将滚筒分散放在场地上，教师组织幼儿钻进、钻出滚筒，引导幼儿进一步掌握向前钻的基本动作，练习正面向前钻。

3. 体育游戏：钻山洞

（1）介绍游戏，讲解规则。

玩法：幼儿提着小篮子跳过呼啦圈，钻过"山洞"（大滚筒），跑向田地，把萝卜放进小篮子里，返回起点。

（2）播放音乐，组织游戏。

教师观察指导，引导幼儿遵守游戏规则、注意安全，重点提醒钻的动作。

师：我们出发去老爷爷的地里，大家共同帮忙运萝卜吧！

（3）比赛。

师：现在我们来分成四组，比一比看哪组能够帮老爷爷将萝卜最快运回家。听到口令后，第一名幼儿跳过圈圈，钻过"山洞"，跑向地里将萝卜装进小篮子里，返回与第二名幼儿进行拍手接力。依次进行，最先完成比赛的一组为胜。

4. 情感体验，放松活动

（1）播放轻松的音乐，教师和幼儿一起做放松运动，放松胳膊、腰、腿、脚。

（2）师：今天，你们帮助老爷爷收获了很多萝卜，感觉怎么样？让我们开开心心回家吧！

（四）活动延伸

1. 区域延伸

将活动材料投放至固定器材区，鼓励幼儿自主游戏。

2. 家园延伸

和爸爸妈妈一起玩钻山洞的游戏，进一步掌握钻的动作要领。

潜江市机关幼儿园

邓亚亚

活动三

比较大小

（重点领域：科学）

（一）活动目标

（1）愿意参加科学活动，体验游戏的乐趣。

（2）能区分大小不同的物体，运用表示大小的词汇表述比较的结果。

（3）学习比较物体的大小。

（二）活动准备

（1）知识经验准备：幼儿认识萝卜，知晓萝卜的特征。

（2）物质材料准备：PPT课件、萝卜地背景图、大小萝卜图片若干、大小蘑菇图片若干、大小红薯图片若干、纳唐操作材料。

（三）活动过程

1. 情景导入，激发兴趣

师：老爷爷家的萝卜丰收了，想邀请我们去他家做客，你们愿意去吗？

2. 探索发现，比较大小

（1）比一比。

师：盘子里有两个萝卜，你们仔细看一看，帮忙找一找哪个是大萝卜，哪个是小萝卜？

请幼儿观察大小不同的萝卜，引导幼儿比较大小。

（2）分一分。

①为大小萝卜分类。

师：现在，请小朋友来帮一帮老爷爷，把萝卜分别放到不同的盘子里，大萝卜放到大盘子里，小萝卜放到小盘子里。

②为大小蘑菇分类。

师：老师这里还有许多蘑菇，你们能不能把蘑菇放到有大小标记的篮子里呢？（边放边说：大蘑菇放到大篮子里，小蘑菇放到小篮子里）

③为大小红薯分类。

师：红薯宝宝也想玩分类游戏，小朋友们帮帮它吧！（让幼儿把红薯放到有大小标记的篮子里。边放边说：大红薯放到大篮子里，小红薯放到小篮子里）

3. 游戏体验，迁移拓展

（1）教师出示大小萝卜，请幼儿用自己喜欢的方式尝试表演大小。

支持幼儿的自主表演，鼓励幼儿用不同的动作造型方式展现萝卜的大小。

（2）游戏"我是验菜师"。鼓励幼儿运用造型动作表现不同大小创新造型，并给予评价。

师：现在我们自由分成四组，每组选出一个小朋友做"验菜师"，其他小朋友围成圆圈依次从"验菜师"面前经过，并用动作或表情告诉"验菜师"是大还是小，"验菜师"需要用语言回答，比如："这是一个大番茄，这是一颗小土豆"。

4. 趣味分享，总结提升

（1）找一找。引导幼儿去教室区域里寻找各种大的或小的物品，并能正确运用大小词汇表述比较的结果。

（2）师：宝宝们，你们今天又学到了比较大小的本领，老师为你们点赞！

（四）活动延伸

1. 区域延伸

将活动材料投放到科学区，供幼儿再次进行区域游戏活动，巩固对大小标识的认识。幼儿能正确判断并描述物品的大小形状，并按物体大小规律进行排序。

2. 家园延伸

和家长一起玩"你说我做"的游戏，根据"大小"指令做相符的动作；在家长的指导下对家中物品进行简单的大小分类，进一步感知物体的大小。

潜江市机关幼儿园

雷齐琪

活动四

合作力量大

（重点领域：社会）

（一）活动目标

（1）乐意与同伴合作，体验成功的快乐。

（2）有初步的合作意识，能和同伴一起合作游戏。

（3）知道合作能省时省力，学习与同伴合作。

（二）活动准备

（1）知识经验准备：幼儿听过《拔萝卜》的故事。

（2）物质材料准备：PPT课件、《拔萝卜》故事视频、大萝卜道具1个、蚕豆若干。

（三）活动过程

1. 倾听故事，了解什么是合作

师：还记得《拔萝卜》的故事吗？我们再来听一听！

观看《拔萝卜》故事视频后提问：有谁在拔萝卜？他们是怎样拔萝卜的？

小结：合作就是大家一起完成任务。

2. 游戏体验，知道合作的好处

游戏一：搬萝卜

教师：瞧，那里有一个很大的萝卜，谁愿意帮老爷爷搬回家？

玩法：先请一名幼儿去搬大萝卜，当幼儿搬不了时，再请其他幼儿一起去搬，比较一个人搬与多人一起搬哪个更好。

师：萝卜太大了，一个人搬不动，大家一起搬就成功了，这是为什么呢？（幼儿讨论）

小结：大家一起搬更轻松省力，合作的力量大。

游戏二：夹豆豆

师：这里有好多的蚕豆宝宝，请小朋友们送它们回家！

玩法：1名幼儿为一组，另外3名幼儿为一组，两组进行夹豆豆比赛，同一时间里，夹豆豆多的一组获胜。

师：为什么人多的一组豆豆夹得多？

小结：大家一起夹，合作完成更快更省时。

3. 经验迁移，学习与同伴合作

（1）观察图片，商议解决办法。

图片一：小猫要将桌子搬到墙边，可它一个人搬不动。

师：小猫该怎么办？

幼儿交流讨论，师幼小结：小猫可以邀请小伙伴一起合作搬桌子，合作的力量大。

图片二：小狗不小心将图书架碰倒，图书撒得满地都是。

师：小狗应该做什么？

幼儿交流讨论，师幼小结：小狗和小伙伴一起整理图书，合作省时又省力。

（2）分小组合作完成任务。

任务一：与小伙伴合作整理玩具柜。

任务二：与小伙伴合作整理图书角。

教师积极评价幼儿表现，鼓励幼儿勇敢与人合作完成任务。

4. 交流讨论，萌发合作意识

讨论：在我们的日常生活中，有哪些事是需要大家合作完成的？

小结：遇到困难时，要主动寻求别人的帮助；别人需要帮助时，也应主动与人合作，合作的力量大！

（四）活动延伸

1. 区域延伸

表演区投放《拔萝卜》游戏的材料，鼓励幼儿和同伴一起游戏。

2. 家园延伸

鼓励幼儿和家长合作完成手工作品、家务劳动，体验合作的快乐。

潜江市机关幼儿园

张学琴

活 动 五

萝卜印画

（重点领域：艺术）

（一）活动目标

（1）乐意参加美术活动，体验萝卜印画的乐趣。

（2）能尝试用萝卜的横截面蘸上颜料进行印画。

（3）初步学习印画的方法。

（二）活动准备

（1）知识经验准备：幼儿认识红、黄、蓝三种颜色。

（2）物质材料准备：

① 教具：PPT课件、用萝卜横切面印好的"美丽桌布"、胡萝卜头饰。

② 学具：胡萝卜、白萝卜、红萝卜若干，颜料，调色盘6个，湿手帕6块，长方形、圆形的纸若干。

（三）活动过程

1. 创设情境"萝卜宝宝来做客"，激发幼儿活动兴趣

（1）出示图片（可使用课件），教师创设情境。

师：秋天到了，老爷爷地里的萝卜丰收了，今天有许多萝卜宝宝来到我们小二班，你们想认识它们吗？（幼儿：想）那我们现在就用掌声请出它们吧！（教师逐一出示实物萝卜，幼儿回答）

（2）今天还带来了一件小礼物，用萝卜宝宝印章制作的一块漂亮桌布，你们想看吗？（教师出示自制"美丽桌布"）小朋友能猜出是哪些萝卜宝宝吗？

2. 介绍萝卜印章，学习萝卜拓印画的方法

（1）教师示范用萝卜印章制作"美丽的桌布"。

师：用萝卜宝宝们印章自制的"桌布"真好看，你们想知道它是怎样制作的吗？（幼儿：想）那我们用热烈的掌声请出"胡萝卜宝宝"（教师扮演）来给我们介绍一下吧！

"胡萝卜宝宝"（出示印画材料）："美丽的桌布"怎样制作？让我想一想，啊！我用的法宝就是这个（拿出切好的胡萝卜），然后在红色颜料里面蘸一下，慢慢拿起印下去，1、2、3，拿起来，萝卜印章送回家。这样，桌布上的一朵漂亮小花就制作好了。

（2）教师示范换萝卜印章蘸不同颜色印画的方法。

"胡萝卜宝宝"：萝卜印章换一个，黄色颜料盘里蘸一下，慢慢拿起印下去，1、2、3，拿起来，萝卜印章送回家。

（3）利用儿歌进行形象的学习，交代活动要求。

① 利用儿歌帮助幼儿记忆萝卜印章画的方法：小袖子卷起来，小小手伸出来，左手按住"小桌布"，右手拿起小印章，颜料盘里蘸一蘸，慢慢拿起印下去，1、2、3，拿起来，萝卜印章送回家，小小"桌布"真漂亮。

② 鼓励幼儿多练习几次。

3. 尝试萝卜印章画，幼儿自由操作，教师巡回指导

（1）萝卜盖大印——制作美丽的桌布。引导幼儿自选长方形或圆形的纸当桌布，边念儿歌边用萝卜印章印出不同颜色、样子的图案。

（2）教师巡回指导，鼓励幼儿发挥想象进行拓印。

（3）提醒幼儿印完后将萝卜印章放回原处，作品放在桌上，等颜料干后再收。

4. 展示作品，欣赏"美丽的桌布"

（1）将幼儿印盖的"美丽的桌布"进行展示，供幼儿欣赏。

师：你喜欢哪一块"桌布"？为什么？猜一猜都是用什么萝卜印的？

（2）师幼一起用制作的"美丽的桌布"布置教室，自然结束活动。

（四）活动延伸

1. 区域延伸

投放颜料以及切好的蔬菜，幼儿继续开展拓印活动。

2. 家园延伸

家长利用家庭中的生活物品，如瓶盖、蔬菜、水果等，引导幼儿开展各种有趣的印章游戏。

潜江市机关幼儿园

曲蕊

活动六

童话剧《拔萝卜》

第一幕：种萝卜

老公公："今天天气真好，我要到地里去种萝卜。"

旁白：老公公用锄头锄地，撒萝卜籽。

老公公："萝卜啊，长吧，长吧，长得大啊！萝卜啊，长吧，长吧，长得甜啊！"

旁白：萝卜越长越大，老公公可高兴了，想把萝卜拔回家。他拉住萝卜叶子，使劲地拔。

老公公："哈哈，萝卜长大了，我要把它拔回家去。嗨哟，拔不动！"

第二幕：拔萝卜

老公公："老婆婆，老婆婆，快来帮忙拔萝卜！"

老婆婆："唉，来了，来了。"

旁白：老婆婆拉着老公公，老公公拉着萝卜叶子。

（音乐——拔萝卜）

老公公、老婆婆："嗨哟，还是拔不动。小姑娘，小姑娘，快来帮忙拔萝卜。"

小姑娘："唉，来了，来了。"

旁白：小姑娘拉着老婆婆，老婆婆拉着老公公，老公公拉着萝卜叶子。

（音乐起——拔萝卜）

老公公、老婆婆、小姑娘："嗨哟，还是拔不动。小蝴蝶，小蝴蝶，快来帮忙拔萝卜。"

　　小蝴蝶："唉，来了，来了。"

　　旁白：小蝴蝶拉着小姑娘，小姑娘拉着老婆婆，老婆婆拉着老公公，老公公拉着萝卜叶子。

　　老公公、老婆婆、小姑娘、小蝴蝶："嗨哟，还是拔不动。"

　　小蝴蝶："小花猫，小花猫，快来帮忙拔萝卜。"

　　小花猫："喵喵喵！来了，来了。"

　　旁白：小花猫拉着小蝴蝶，小蝴蝶拉着小姑娘，小姑娘拉着老婆婆，老婆婆拉着老公公，老公公拉着萝卜叶子。

　　（音乐——拔萝卜）

　　老公公："大萝卜有点松动了，大家再用点力。"

　　老公公、老婆婆、小姑娘、小蝴蝶、小花猫："一、二、三，使劲啊……大萝卜终于拔出来了！！！"

　　（背景音乐）

　　大家围着萝卜一起载歌载舞。

潜江市机关幼儿园

许晴

绘本《小兔乖乖》主题活动

◎ 主题活动背景

　　《小兔乖乖》的故事简短而充满童趣，语言浅显易懂，形象生动鲜明，是家喻户晓的经典故事。故事中兔妈妈出门拔萝卜，临出门时嘱咐三只兔宝宝："你们要看好家，谁敲门也别开。"三只兔宝宝乖乖记住了妈妈的话，识破了大灰狼的伪装，安全等到兔妈妈回家。三只兔宝宝活泼可爱、聪明机智的形象深得幼儿的喜爱，兔妈妈"小兔儿乖乖，把门开开"唱词和大灰狼伸尾巴的场景让孩子们印象深刻。故事让孩子们懂得了：如果碰到陌生人来敲门，应该先告诉家里的爸爸妈妈。当一个人在家的时候，不能给陌生人开门，不能轻信陌生人。

　　"具备基本的安全知识和自我保护的能力"是《3~6岁儿童学习与发展指南》健康领域的教育目标之一。结合小班幼儿特点，引导他们在阅读和倾听故事内容的同时，模仿兔妈妈唱歌的样子，感受兔妈妈离开家时叮嘱兔宝宝的心情；模仿三只兔宝宝在家时的场景，体验兔宝宝识破大灰狼诡计的机智勇敢，在轻松快乐的游戏活动中发展语言表达能力，增强自我保护意识，促使主题活动开展得更加生活化和游戏化。

◎ 主题活动目标

　　（1）喜欢小兔子，愿意参与认一认、说一说、画一画、折一折小兔子的主题活动。

（2）结合自己的生活经验，尝试运用语言、表情、肢体动作等进行角色扮演。

（3）了解小兔子的外形特征和生活习性，在熟悉故事内容的基础上学习自我保护的方法。

◎ 主题环境创设

1. 主题墙

以"小兔子乖乖"为主题，主要包括四个板块。

板块一："生活中的小兔子"。收集与小兔子形象相关的各种实物图片。

板块二："小白兔穿花衣"。幼儿通过涂色、撕贴、点画等方式完成美工作品，用毛线、布条、纱巾、扭扭棒等装扮小白兔的花衣。

板块三："聪明的兔宝宝"。"110""120"和"119"特殊电话号码图示与模型电话。

板块四："阅读好时光"。亲子阅读及家庭表演的图片。

2. 区域创设

区域名称	活动材料
语言区	1.提供与小兔子相关的绘本故事，供幼儿阅读、欣赏 2.提供故事录音和角色指偶或手偶，让幼儿尝试边听、边说、边演
表演区	1.提供录音故事及动物头饰、表演服饰等，让幼儿尝试边听故事边表演 2.提供戏剧中的歌曲CD，让幼儿尝试听音乐表演
美工区	1.提供绘彩笔、彩纸等，进行涂色、点画、折纸活动，添画大灰狼的尖牙齿和长尾巴 2.提供颜料、彩色纹样、胶水等，供幼儿尝试装饰兔妈妈的一家
益智区	1.自制兔子拼图（三种层次，分别为12块、16块、20块一套），让幼儿尝试拼图 2.提供各类小动物图片，让幼儿尝试玩游戏"小动物找食物"，引导幼儿尝试根据提示按照动物的饮食习惯来分类
科学区	1.饲养小兔子，观察小兔子 2.提供点卡、食物数卡、小动物图片，让幼儿尝试玩"一样多的放一起"

◎ 家园共育

1. 亲子手工

利用家里的废旧物品，制作手偶小兔宝宝的一家，作为亲子表演的道具。

2. 故事配音

家长和幼儿阅读绘本故事，尝试对"兔妈妈出门，大灰狼来了"的故事片段进行亲子配音。

3. 安全教育

家长帮助幼儿学习和了解简单的自护自救方法，和孩子说一些属于亲子之间的安全"小约定"。

4. 饲养活动

有饲养条件的家庭，可以饲养小兔子，给小兔子取名字，让幼儿进行观察和照护管理。

5. 手影游戏

家长和幼儿一起玩小兔子的手影游戏。

◎ 故事资源

小兔乖乖

兔妈妈有三个孩子，一个叫红眼睛，一个叫长耳朵，一个叫短尾巴。一天，兔妈妈对孩子们说："妈妈要到地里去拔萝卜，你们好好看着家，把门关好，谁来叫门都别开，等妈妈回来了再开。"兔妈妈拎着篮子到地里去了。小兔子们记住了妈妈的话，把门关得牢牢的。

过了一会儿，大灰狼来了，它想闯进小兔子的家，可是小兔子们把门关得紧紧的，进不去呀！

大灰狼坐在小兔子家门口，眯着眼睛，想着坏主意，突然看见兔妈妈回来了，它连忙跑到一棵大树后面躲了起来。

兔妈妈走到门口，边敲门边唱："小兔子乖乖，把门儿开开！快点儿开开，我要进来。"小兔子们一听是妈妈的声音，一起叫起来："妈妈回来喽！妈妈回来喽！"它们打开门，抢着帮妈妈拎篮子。兔妈妈亲亲红眼睛，亲亲长耳朵，又亲亲短尾巴，夸它们是好孩子。

那只大灰狼躲在大树后面，偷偷地记下了兔妈妈唱的歌。它得意地想：这回我有办法了。

第二天，兔妈妈到树林里去采蘑菇，小兔子们把门关好，等妈妈回来。过了一会儿，大灰狼又来了。它一边敲门，一边捏着鼻子唱："小兔子乖乖，把门儿开开！快点儿开开，我要进来。"

红眼睛一听，以为妈妈回来了，高兴地叫着："妈妈回来喽，妈妈回来喽！"

短尾巴也以为妈妈回来了，一边跑，一边说："快给妈妈开门，快给妈妈开门！"

长耳朵拉住红眼睛和短尾巴说："不对，不对！这不是妈妈的声音。"

红眼睛和短尾巴往门缝里一看："不对，不对！不是妈妈，是大灰狼。"小兔子们一起说："不开，不开，我不开，妈妈没回来，谁来也不开。"

大灰狼一听，着急了："我是你们的妈妈，我是你们的妈妈！"

"我们不信，我们不信！要不，你把尾巴伸进来让我们瞧一瞧。"

"好啦，我就把尾巴伸进去，让你们瞧一瞧。"

小兔子把门打开一点儿，大灰狼就把自己的尾巴伸了进来。嘿，一条毛茸茸的大尾巴。一，二，三，嘭——小兔子们一齐使劲，把门关得紧紧的，大灰狼的尾巴给夹住了。

大灰狼疼得哇哇叫："哎哟，哎哟，疼死我了。放了我吧，放了我吧！"

这时候，兔妈妈回来了，她放下篮子，捡起一根木棍，朝大灰狼的脑袋狠狠地打去。

大灰狼受不了了，使劲一挣，把尾巴挣断了。它拖着半截尾巴逃到山里去了。

兔妈妈这才松了一口气，扔下木棍，拎起篮子，一边敲门，一边唱："小兔子乖乖，把门儿开开！快点儿开开，我要进来。"

小兔子们听见妈妈的声音，抢着给妈妈开门："就开就开我就开，妈妈回来了，这就把门开。"兔妈妈高兴地说："嗯，你们真是我的好孩子！"

◎ 主题教学活动

活动一

小兔乖乖

（重点领域：语言）

（一）活动目标

（1）愿意参加阅读活动，体验阅读的快乐。

（2）能根据故事内容情境发展进行简单的模仿表演和对话。

（3）理解故事内容，学说故事中兔妈妈、大灰狼与小兔的经典对话。

（二）活动准备

（1）知识经验准备：认识小兔。

（2）物质材料准备：音乐，木偶，布景，大灰狼、大老虎、狐狸、小猫的图卡。

（三）活动过程

1.猜谜激趣，导入活动主题

（1）师幼互动，猜谜语。

师：小朋友们，你们猜过谜语吗？老师这里有一个有趣的谜面，"红眼睛，白衣裳，尾巴短，耳朵长"。谁能猜一猜，这是什么小动物吗？

（2）观看小兔家家门紧闭的照片，并讨论：小兔子们在家，为什么要把门关得紧紧的呢？

2. 讲述故事，了解主要情节

（1）分段讲述故事。

①讲述故事第一部分"三只小兔守家门"。

师：兔妈妈有几个孩子，分别叫什么？兔妈妈要去做什么？它对孩子们说了什么？小兔子们是怎样做的？

小结：兔妈妈要去地里拔萝卜，交代小兔子们好好看家，把门关好，谁来叫门都别开。小兔子们牢记妈妈的话，把门关得紧紧的，是听话的兔宝宝。

②讲述故事第二部分"兔子们智斗大灰狼"。

师：妈妈离开后，谁来了？小兔子们给大灰狼开门了吗？用什么方法才能让小兔子们开门呢？妈妈是怎样唱歌的？大灰狼也学妈妈唱歌了，小兔子们上当了吗？大灰狼最后怎样了？

小结：小兔子们真聪明，能分辨出妈妈的声音，没有上当，并且想办法抓住了大灰狼。最后，大灰狼挣断了尾巴，灰溜溜地逃走了。

③讲述故事第三部分"小兔乖乖把门开"。

师：兔妈妈是怎样唱歌的？兔妈妈对小兔子们说了什么？

（2）完整欣赏故事。

师：为什么大灰狼和兔妈妈唱一样的歌，小兔子们还是不开门？

小结：小兔子们细心机智，能听出大灰狼的声音与妈妈不同。小朋友如果独自在家，要像小兔子们一样把门关得紧紧的，不给陌生人开门。

3. 情境表演，巩固角色对话

（1）演唱兔妈妈的歌曲《小兔乖乖》。

师：兔妈妈唱了什么歌曲，小兔子们才会开门呢？我们一起唱一唱。

（2）尝试表演绘本中大灰狼敲门片段，初步体验表演的快乐。

师：大灰狼也学会了这首歌，小兔子们会给它开门吗？谁想来演一演大灰狼、红眼睛、短尾巴、长耳朵呢？

4. 唱儿歌《小兔乖乖》，自然结束活动

播放儿歌《小兔乖乖》，师幼共同庆祝打败了大灰狼，教师带领幼儿唱儿歌，离开活动室，活动自然结束。

（四）活动延伸

1. 区域延伸

将兔妈妈的木偶道具、胡萝卜道具和动物的图卡投放到室内的活动区域，幼儿在区域内自主活动讲述或表演故事。

2. 家园延伸

家长陪同幼儿一起玩语言游戏，鼓励幼儿模仿各种动物的特征和声音来做游戏。

潜江市机关幼儿园

周姗

活动二

小兔蹦蹦跳

（重点领域：健康）

（一）活动目标

（1）愿意参与游戏，体验集体游戏的快乐。

（2）能遵守游戏规则，双脚连续向前跳。

（3）学习双脚并拢连续向前行进跳。

（二）活动准备

（1）知识经验准备：幼儿有参与集体户外活动的经验。

（2）物质材料准备：小兔子头饰、蘑菇若干、口哨、音响、筐子4个、大圆滚筒、彩色塑料圈。

（三）活动过程

1. 创设情境，热身活动

（1）谈话引入，激发幼儿的兴趣。

师：兔宝宝们，大家好！今天的天气真晴朗呀！森林里兔妈妈的蘑菇丰收了，兔妈妈可开心啦。我们一起跟着兔妈妈跳起来吧！

（2）播放音乐，师幼一起热身。

师：让我们一起跟着音乐运动起来吧！点点头，摆摆手，弯弯腰，踢踢腿，蹦蹦跳。

2. 学习双脚连续向前跳

（1）教师引导幼儿模仿兔子，双脚并拢向前跳。

师：兔妈妈的蘑菇丰收了，有很多蘑菇需要你们一起帮忙采摘。你们愿意去帮助兔妈妈采摘蘑菇吗？想一想小白兔怎样才能跳得又快又远？

（2）教师示范"小白兔"跳的动作，讲解双脚并拢向前跳动作的细节和注意要领。

师：在跳的过程中，一定要双脚并拢，膝盖微微弯曲，身体平稳连续向前跳，落地的时候要轻。（教师边讲解边示范）小兔子们，你们学会了吗？

请个别幼儿展示小兔跳的动作，教师点评并总结动作要领：屈膝，前脚掌用力蹬地，上体前倾，身体重心向前移，腾空后充分展体、抬头。落地时，踏跳脚先着地，屈膝，保持身体平衡。

（3）分组进行连续向前跳。

师：小兔子们，你们一起来试试双脚连续向前跳吧！

将彩圈放在场地上，教师组织幼儿进行双脚并拢跳圈活动，引导幼儿进一步掌握双脚并拢连续向前跳的基本动作。

3. 体育游戏"采蘑菇"

（1）介绍游戏，讲解规则。

玩法：幼儿（兔宝宝）抱着筐子向前跑，先跳过两个彩圈，再钻过"山洞"（大圆滚筒），然后拾起蘑菇放到筐子里，最后返回起点，游戏结束。

（2）播放音乐，组织游戏。教师引导幼儿遵守游戏规则，排队参与游戏，重点提醒幼儿跳跃动作的要领。

师：我们出发去兔妈妈的地里，大家一起帮忙采蘑菇吧。

（3）比赛。

师：现在我们分成四组，比一比看哪个组的小兔子能够帮兔妈妈采摘更多的蘑菇。听到口令后，第一名幼儿跳过圈圈，钻过山洞，采摘到蘑菇并将其放到筐子里，返回与第二名幼儿进行拍手接力。依次进行，最先完成比赛的一组为胜。

4. 情感体验，放松活动

（1）播放轻松音乐，教师和幼儿一起做放松运动。

（2）师：你们真是太能干了！让我们和兔妈妈一起把蘑菇运回家吧！（集体收拾整理活动器械）

（四）活动延伸

1. 区域延伸

将活动材料投放至固定器材区，鼓励幼儿自主进行双脚跳游戏。

2. 家园延伸

幼儿在家可以和爸爸妈妈一起玩跳圈游戏，向前跳、向左跳、向右跳，进一步掌握双脚并拢跳的动作。

潜江市机关幼儿园

王嫣然

活动三

森林小火车

（重点领域：社会）

（一）活动目标

（1）愿意参与集体游戏，体验遵守规则带来的便利。

（2）能遵守规则参与游戏，养成良好的排队习惯。

（3）了解排队的常识，知道参与活动要遵守规则。

（二）活动准备

（1）知识经验准备：幼儿知道排队的规则，有基本的安全意识。

（2）物质材料准备：PPT课件、大型玩具小火车1辆、纸盒做的山洞4个、动物头饰、音乐《游乐园火车轮子转呀转》。

（三）活动过程

1. 谈话导入，激发兴趣

（1）师：小朋友们，兔妈妈邀请你们去森林里采蘑菇，你们想去吗？那我们怎么去呢？

（幼儿提出各种方法）

你们的方法都很不错哟！但是，森林太远了，坐火车可以更快一些。

（2）师幼交流讨论。

小结：火车跑起来特别快，是便捷的交通工具。火车有一节一节的车厢，每节车厢里还有很多座位。上火车，大家要排队一个跟着一个进车厢。

2. 播放课件，学习排队

（1）有序排队乘坐火车。

师：小朋友们看老师这里，你们看到了什么呀？这是"森林小屋"，去"森林小屋"需要坐火车。你们见过火车吗？谁坐过火车？坐火车要注意些什么呢？

师：小朋友们看一看，小动物是怎样排队上火车的？数一数每节车厢里有几个座位？请说一说坐火车应该注意些什么。

小结：乘坐火车要遵守规则，不推不挤，一个跟着一个有序排队上车。小火车有许多节车厢，要凭票选择相应的座位，一个座位上只能坐一个人。

（2）了解幼儿园里的排队。

例如，幼儿排队玩滑滑梯，幼儿排队如厕、洗手，幼儿排队上下楼梯。

3. 游戏"我们坐火车"

（1）教师讲解游戏玩法。

幼儿选择自己喜欢的动物头饰，教师播放音乐开始游戏。小火车一次载着四位幼儿到达"森林小屋"，然后返回拉第二批幼儿，游戏重复进行，直至每位幼儿都被拉到"森林小屋"。

（2）教师组织幼儿玩游戏。

师：小火车即将启动了，请各位乘客排队上车。让我们排队坐上小火车去"森林小屋"玩吧！

4.师幼交流，结束活动

（1）排队的好处。

师：你们今天坐火车去玩，玩得开心吗？如果坐火车不排队，你推我挤的会造成什么结果呢？

（2）生活中的排队。

师：想一想，你和爸爸妈妈一起出去玩，还有哪些时候需要排队？

小结：不排队、你推我挤容易造成拥堵，容易摔跤、受伤。和爸爸妈妈一起去超市购物、去公园游玩、乘坐公交车等都必须有序排队。

（四）活动延伸

1.区域延伸

活动材料投放到区域，引导幼儿涂色标记，巩固强化初步建立的规则意识。

2.家园延伸

家长带领幼儿去游乐场排队买票，排队参与游乐场项目，让幼儿感受排队规则的重要性。

潜江市机关幼儿园

付纤文

活动四

可爱的小兔子

（重点领域：科学）

（一）活动目标

（1）愿意参加活动，萌发爱护小动物的情感。

（2）能用动作和简单的语言描述小兔子的特征。

（3）了解小兔子的外形特征和生活习性。

（二）活动准备

（1）知识经验准备：幼儿熟悉儿歌《小白兔白又白》。

（2）物质材料准备：PPT课件、各类食物的图片、音频《小白兔又白》、小兔子。

（三）活动过程

1. 谜语导入，引出主题

师：眼睛红，毛衣白，长长的耳朵竖起来，爱吃萝卜和青菜，蹦蹦跳跳真可爱。（小兔子）小朋友，你们猜猜它是谁？

2. 观察小兔子，了解特征

（1）了解小兔子的外形特征。

①看一看，观察小兔子的外形。

师：今天我们班来了位小客人，我们一起来和它打个招呼吧！仔细看看，小兔子长什么样？头上有什么？小兔子的耳朵是什么样的？眼睛是什么颜色的？有几条腿？小兔子的尾巴在哪里？

②摸一摸，感知兔子的柔软。

师：摸摸小兔子，你有什么感觉？小兔子的耳朵摸起来感觉怎么样？

小结：有各种不同颜色的小兔子，小灰兔、小黄兔和小花兔，等等。小兔子有圆圆的头、长长的耳朵、红红的眼睛、三瓣嘴、四条腿、短短的尾巴。小兔子的毛软软的、滑滑的，耳朵毛茸茸的。

（2）了解小兔子的生活习性。

①播放视频，了解小兔子的生活习性。

师：小朋友们，你们看看小兔子最喜欢吃什么呢？

②观察小兔子的运动特点。

师：现在小兔子宝宝到了地上，我们一起来看看，小兔子是怎样"走路"的？你们能学一学吗？

小结：小兔子爱吃萝卜和青菜，走起路来蹦蹦跳跳的。

3.游戏体验，巩固认知

（1）游戏：找小兔子。

师：小兔子和小朋友们玩起了捉迷藏的游戏，它躲在了森林里，现在请小朋友们一起去找找它吧！

教师操作PPT课件，讲解游戏玩法并操作：小兔子藏在了森林里，只露出了一部分特征，幼儿点击找出，巩固幼儿对小兔子外形特征的认识。

（2）操作游戏：喂小兔子。

教师操作PPT课件，讲解游戏玩法并操作：给小兔子宝宝喂食，并尝试用语言大胆表达，食物送对了小兔子就开心，送错了它就会难过。在操作中巩固幼儿对小兔子饮食习性的了解，通过喂食小游戏引导幼儿亲近小动物、爱护小动物。

4.模仿扮演，结束活动

播放儿歌《小白兔白又白》，鼓励幼儿模仿小兔子跳。

师：小朋友们想一想小兔子是如何"走路"的？一起学一学吧！（两只手比剪刀手的姿势放在头上，膝盖微蹲向前跳）现在让我们跟着音乐，一起试一试吧！

（四）活动延伸

1.区域延伸

在益智区投放小兔子的拼图，锻炼幼儿的思维能力和空间想象力；在自然角饲养小兔子，幼儿观察小兔子的成长过程。

2.家园延伸

家长和幼儿一起饲养小兔子，了解小兔子的习性。

潜江市机关幼儿园

董玉萍

活动五

小兔乖乖

（重点领域：艺术）

（一）活动目标

（1）愿意参与活动，感受歌曲欢快的旋律。

（2）能跟随音乐自然歌唱，用动作表现歌曲内容。

（3）熟悉歌曲旋律，在理解歌词内容的基础上学唱歌曲。

（二）活动准备

（1）知识经验准备：有参与音乐活动的相关经验。

（2）物质材料准备：PPT课件、歌曲《小兔乖乖》、小兔子头饰。

（三）活动过程

1. 创设情境，引发主题

师：瞧，这是什么地方？小朋友们，你在PPT上看到了谁？它们在干什么？

小结：兔妈妈带着兔宝宝一起做游戏，小兔子喜欢吃胡萝卜和青菜。

2. 学习歌曲

（1）倾听歌曲，初步感知歌词内容。

师（播放歌曲《小兔乖乖》）：这首音乐好听吗？歌里唱了什么？歌曲中出现了哪些小动物？它们发生了什么事情？小兔子最后开门了吗？谁来说一说？

（2）PPT出示歌词，教师带着幼儿有节奏地诵读歌词。

师：这首歌曲的名字是《小兔乖乖》，我们跟着音乐一起来念一念。

教师鼓励幼儿都来说一说、唱一唱、念一念。

（3）学唱歌曲，尝试根据歌曲内容边唱边做。

①学唱歌曲。

师：小朋友们，你们可真厉害，歌词都记住了。我们一起来唱一唱吧！

②边唱边做。

师：听到歌曲中的小兔子时，你想用什么动作表现？（剪刀手放头上，做小兔子的样子）

用什么动作表示"不开不开，我不开"？（双手在胸前摇动）

用什么动作表示"把门打开"？

用什么动作表示"妈妈回来"？（高兴得拍手跳起来或者相互拥抱等）

教师鼓励幼儿大胆表现，引导幼儿根据歌词内容逐句创编动作。

3. 游戏体验

（1）自主选择角色。

师：现在老师扮演大灰狼，还需要小朋友扮演小兔子和兔妈妈。谁愿意和我一起表演呀？

（2）分角色游戏。

播放音乐《小兔乖乖》，教师戴上头饰扮演大灰狼，幼儿自选动物头饰分角色进行演唱，根据歌词内容，加入动作进行歌曲表演。

4. 游戏结束

师：大灰狼被赶走了，小兔子们真开心！我们一起做游戏最快乐！

（四）活动延伸

1. 区域延伸

将材料投放至区域，鼓励幼儿进行小兔子乖乖的角色扮演。

2. 家园延伸

家长鼓励幼儿大胆在家庭成员面前进行歌曲表演，体验美好的亲子时光。

潜江市机关幼儿园

吴荣

活动六

童话剧"小兔乖乖"

第一幕：兔妈妈出门

旁白：在一个美丽的森林里，住着兔妈妈和它的三个孩子。它们一家四口相亲相爱，快乐地生活着。

三只小兔（唱）：Hello，我们是快乐的一家，这是我们亲爱的妈妈，妈妈，我们住在美丽的森林里，美丽森林就是我们可爱的家。

长耳朵：我是姐姐长耳朵。

短尾巴：我是可爱的短尾巴。

红眼睛：还有我呢，我是红眼睛。

兔妈妈：孩子们，时间不早了，我们回家吧。

大灰狼：我是一只大灰狼，身体长得壮又壮，住在小兔家的大树后，看到它们我就心痒痒。哎，我真想有一天，能够把它们都吃掉。哈哈哈哈……

兔妈妈（一边扎头巾一边说）：孩子们，妈妈明天要到山那边去采蘑菇，你们三个在家好好玩，可千万别出去，小心住在大树后面的大灰狼。

红眼睛：妈妈，我怕我怕。

兔妈妈：别怕，别怕，孩子，只要不开门，大灰狼是进不来的。

短尾巴：那如果是妈妈回来了该怎么办呢？

兔妈妈：妈妈想了一个好办法，等妈妈回来的时候就唱一首歌，你们听到歌声就开门。

三只小兔：妈妈你快唱吧。

兔妈妈：小兔子乖乖，把门开开，快点儿开开，我要进来。

红眼睛：哦，妈妈你真聪明！

兔妈妈：好了好了，快睡觉吧，孩子们。

第二幕：大灰狼来了

（播放背景音乐）

旁白：大灰狼在森林一边走一边找吃的，走着走着就走到了兔妈妈的家门口。

大灰狼：哈哈哈哈哈……我有办法了，我终于想出好办法了，哈哈哈哈哈哈……

旁白：大公鸡，咯咯咯叫。

兔妈妈（提起篮子，临出门再嘱咐）：起床啦，快起来吧，孩子们，快起来，妈妈要出门啦！

红眼睛：妈妈你要走啦？

兔妈妈：嗯，可要记住妈妈的暗号哦！

三只小兔：我们知道了！

兔妈妈：再见，孩子们！

三只小兔：妈妈，再见！

短尾巴：姐姐，在家待着多无聊啊，我们出去玩吧。

长耳朵：不行，妈妈说了不能出门。

红眼睛：不能出门的。

短尾巴：哼！

长耳朵：那我们就来做游戏吧！

短尾巴、红眼睛：哦，做游戏啦，做游戏啦。

（播放背景音乐）

大灰狼：兔妈妈终于走了，哈哈……我记住了它们的暗号，我可以美美地吃上一顿了，哈哈哈哈哈……嘘，轻点，轻点。

咚咚、咚咚……

长耳朵：妈妈回来了！

短尾巴：哦，妈妈回来了！

红眼睛：别着急，别着急，我们先听听暗号。

大灰狼：哼，想听暗号，我会唱。（唱）小兔子乖乖，把门开开，快点儿开开，我要进来。

第三幕：智斗大灰狼

旁白：大灰狼得意地唱着暗号，鬼鬼祟祟地走来走去。

短尾巴：是妈妈回来啦，我来开门。

红眼睛：短尾巴姐姐，别着急，这不像是妈妈的声音。

短尾巴：谁还会我们的暗号呀！这就是妈妈回来了！

红眼睛：不是妈妈，不是妈妈。

短尾巴：就是妈妈，就是妈妈。

长耳朵：别吵了，让我们来瞧一瞧。

短尾巴：行。

红眼睛：好的。

三只小兔：啊！大灰狼！

短尾巴：长耳朵姐姐，我怕。

长耳朵：别怕，别怕，让我们一起来想想办法。

大灰狼：孩子们，快开门吧，我是妈妈呀。

短尾巴：哼，你不是我们的妈妈。

三只小兔：你不是我们的妈妈！

大灰狼：我是你们的妈妈。

红眼睛：要不，要不，把你的尾巴伸进来让我们瞧一瞧。

大灰狼：哼，尾巴有什么好瞧的，看你们玩什么鬼花样，哼，看就看吧！

旁白：三只小兔抓住大灰狼的尾巴撕扯。

大灰狼：哎哟，哎哟，痛死我了，哎哟，疼，我以后再也不敢骗人了。

（播放背景音乐）

旁白：大灰狼灰溜溜地走了。这时，兔妈妈采完蘑菇向家的方向走着。

兔妈妈：小兔子乖乖，把门开开，快点儿开开，我要进来。

三只小兔：哦，妈妈回来啦，就开就开我就开，妈妈回来啦。

潜江市机关幼儿园

刘晓琼

绘本《小·熊请客》主题活动

◎ 主题活动背景

《小熊请客》内容简单，形象鲜明突出。幼儿对小动物以及它们爱吃的食物非常熟悉，请客做客也是他们在日常生活中经常遇到的事情。"小熊请好朋友来家里做客"这一故事情节始终吸引着幼儿不断猜测："谁会带上小狐狸呢？小狐狸去小熊家了吗？它们一起为小熊庆祝生日了吗？"小熊与朋友之间的对话是简单重复的，幼儿学习时不用刻意去记忆，符合小班幼儿的年龄特点和认知水平。

《3~6岁儿童学习与发展指南》指出，人际交往和社会适应是幼儿社会学习的主要内容，也是其社会性发展的基本途径，幼儿在与成人和同伴交往的过程中，不仅学习如何与人友好相处，也在学习如何看待自己、对待他人，不断发展适应社会生活的能力。良好的社会性发展对幼儿身心健康和其他方面的发展都具有重要影响。我们抓住教育契机设计本次主题活动，围绕五大领域开展系列活动，帮助幼儿理解故事中的角色和情节，教育引导幼儿主动与同伴交往，关心朋友，学习与朋友交往的正确方法，感受与同伴友好相处的积极情感，体验和朋友在一起的幸福与甜蜜。

◎ 主题活动目标

（1）喜欢倾听故事，愿意参加说一说、涂一涂、画一画、折一折、搭一搭活动。

（2）能在教师的引导下参与游戏表演，尝试运用对话、肢体动作等大胆表现。

（3）熟悉故事内容，学会使用礼貌用语，能随着故事情节的展开产生喜悦、担忧等情绪体验，懂得好朋友之间要团结友爱、互帮互助。

◎ 主题环境创设

1. 主题墙

以"小熊请客"为主题，设计四个板块。

板块一："小动物的美食"。小熊、小狗、小猫、小鸡等动物卡片，小动物喜欢的食物图片。

板块二："小熊的家"。从小动物家到小熊家的路线图，起点是小鸡、小狗、小猫的家，表示同一方向；终点是小熊的家，在另一个方向。

板块三："我给小熊送礼物"。小朋友们自发给小熊送生日礼物，有小汽车、蛋糕、花朵等涂色卡片。

板块四："好朋友来做客"。主要是小动物到小熊家后送礼物时的故事情节图。

2. 区域创设

区域名称	活动材料
美工区	1.提供油画棒、彩笔等，添画小动物头饰 2.提供橡皮泥、黏土、小毛球等，制作小动物爱吃的食物
阅读区	1.提供绘本故事、图片、音频、视频，帮助幼儿进一步熟悉故事内容 2.提供故事盒、小动物指偶等，幼儿边操作边讲故事
益智区	1.提供小熊、小鸡、小狗的动物拼图，引导幼儿根据不同的动物特征进行拼图 2.提供线路游戏图，为小动物找到回家的路 3.提供小动物和食物小模型，进行"对对碰"游戏
表演区	提供《找朋友》《生日快乐》等音乐，以及动物头饰、小熊的家场景道具、各种小礼物，鼓励幼儿进行表演游戏
建构区	提供原木积木或彩色的泡沫积木、纸盒、牛奶罐等，为小动物们盖房子

◎ 家园共育

1. 悦享文明

鼓励幼儿家庭积极参加"微视传文明"展播活动，增强家庭的文明素养。

2. 悦美时光

家长陪伴幼儿阅读绘本故事，引导幼儿模仿"小动物送小熊生日礼物"的故事情节，自己创编故事。

3. 益趣游戏

家长和幼儿玩"对对碰"游戏，培养幼儿的观察力和专注力。

4. 乐动美工

家长带领幼儿为家庭成员制作生日小礼物，鼓励幼儿大胆表达生日祝福。

◎ 故事资源

小熊请客

有一只狐狸又懒又馋，谁都讨厌它。有一天，它在大树底下睡懒觉。一觉醒来，看见小猫咪提着一包点心，从身边走过，忙叫起来："小猫咪，你到哪里去？"小猫咪说："今天小熊请客。我们到它家去，又吃又玩又唱歌，真呀真快活！"狐狸说："你带我一起去吧！"小猫咪说："你不做工，还想白白吃东西，我才不带你去呢。"说着跑掉了。

狐狸忽然看见小花狗带着一件礼物走过去。狐狸忙叫："小花狗，你到哪里去？"小花狗说："今天小熊请客。我们到它家去，又吃又玩又唱歌，真呀真快活！"狐狸说："你带我一起去吧！"小狗说："你不做工，还想白白吃东西，哼！我才不带你去呢！"说着撒开腿跑掉了。

狐狸看见小公鸡来了，怀里还抱着一包礼物。狐狸忙叫："小公鸡，今天你打扮得那么漂亮，要到哪里去呀？"小公鸡说："今天小熊请客。我们到它家去，又吃又玩又唱歌，真呀真快活！"狐狸说："你带我一起去吧！"小公鸡说："你自己不做工，还想白白吃东西，哼！我才不带你去呢。"说着飞快地跑掉了。狐狸很生气，嘴里叫着："你们不带我去，我偏要去。"说着，它朝小熊家走去。

小熊正在家里忙着。小猫咪头一个来敲小熊家的门。小熊打开门，请小猫咪进来，又把门关好。小猫咪把点心送给小熊。小熊说："谢谢你，我也请你吃东西。肉骨头、小虫和小鱼，随便吃点，别客气。"小猫咪说："肉骨头、小虫我不爱吃，小鱼我最喜欢。"小猫刚坐下来，小花狗来了，它把带来的礼物送给小熊。小熊说："谢谢你，我也请你吃东西。肉骨头、小虫和小鱼，随便吃点，别客气。"小花狗说："小虫、小鱼我不爱吃，肉骨头我最喜欢！"这时候小公鸡也来了。它也把礼物送给小熊，小熊说："谢谢你，我也请你吃东西。"小公鸡说："肉骨头、小鱼我不爱吃，小虫我最喜欢！"

正在这时，狐狸也来了，它把门敲得咚咚响，一边敲，一边叫："快开门！把好吃的东西都拿出来！"小熊想出了一个办法，对小猫咪、小花狗、小公鸡说："我屋里有些石头，分给你们，等我一开门，你们就一起拿石头砸它！"大家说："好！"小熊把门一打开，狐狸进门就喊："快把好吃的东西拿出来！""给你！给你！给你！"大家一边喊，一边向狐狸扔石头。狐狸抱着头直叫："痛死我啦！"它连忙夹着尾巴跑掉了。

◎ 主题教学活动

活动一

小熊请客

（重点领域：语言）

（一）活动目标

（1）愿意倾听童话故事，体验交朋友的乐趣。

（2）能在教师的引导下尝试表演动物角色。

（3）初步了解故事内容，学习短句"你好""谢谢"。

（二）活动准备

（1）知识经验准备：了解有关动物的生活习性。

（2）物质材料准备：小熊、狐狸、小猫、小狗、小公鸡的头饰，故事录音，PPT课件，音乐《生日快乐》。

（三）活动过程

1.谈话导入，引发幼儿学习兴趣

师：小朋友们，你们几岁了？今天是小熊的生日，你们想不想知道它是怎么过生日的呢？

2.说故事、学短句、做动作

（1）观看课件PPT，熟悉故事内容。

第一次播放课件第1~4页。

师：故事中都有哪些小动物？它们是怎么走路的？它们要去哪里？小熊过生日邀请好朋友来做客，它的心情是怎么样的？小猫、小狗、小公鸡要去参加生日聚会，它们的心情是怎么样的？没有谁愿意带小狐狸去，那它的心情又是怎么样的呢？

第二次播放课件第5~8页。

师：小猫、小狗、小公鸡到小熊家后，大家都说了什么？做了什么？小狐狸来了，大家想出什么好办法赶跑它？

回顾故事情节，大胆尝试表演。

教师鼓励幼儿大胆模仿小动物的角色特点和动作神情。例如，表情（高兴、生气）、动作（小猫轻轻走路、小狗快速跑、小狐狸懒惰地躺着等）。

（2）观看PPT，学说短句。

完整播放PPT，引导幼儿听故事中的对话，尝试表达动物对话。学说短语"你好""欢迎你""谢谢""再见"。

师：小熊见到客人来家里做客说了什么？小猫见到小熊说了什么？没有谁愿意带上小狐狸，小狐狸的心情是怎么样的？

鼓励幼儿大胆想象和模仿：好朋友见面打招呼的动作，并说出短句"你好""欢迎你""谢谢""再见",感受好朋友之间友好的情感。

3.创意表演"小熊请客"

（1）第一次角色表演。

播放故事录音，师幼共同进行角色表演。教师扮演小熊，分别请幼儿扮演小猫、小狗、小公鸡、小狐狸，引导幼儿大胆进行动物角色的表演，做出走、跑、生气、高兴等动作和表情。根据故事播放的进程适当引导幼儿进行动物角色对话，学说短句"你好""欢迎你""谢谢""再见"。

（2）第二次角色表演。

教师引导幼儿自主选择故事中的动物角色，戴上动物头饰，根据故事内容进行扮演。

4.感受分享：祝你生日快乐

（1）谈话。师：今天的心情怎么样？表演得开心吗？遇到麻烦了吗？想不想和小熊一起过生日？

（2）歌唱。教师带领小朋友们共同唱《生日快乐》歌曲，自由舞蹈和歌唱，为小熊庆祝生日。

师：小动物们都到齐了，我们一起为小熊唱生日歌吧！

（四）活动延伸

1.区域延伸

在阅读区投放绘本《小熊请客》，供幼儿随时翻看；在表演区投放相关的服饰和道具，方便幼儿进行自主角色表演。

2.家园延伸

家长可以陪幼儿进行亲子阅读，进一步熟悉小动物的角色特征和简短的对话。

潜江市机关幼儿园
张安芳

活动二

小熊过桥

（重点领域：健康）

（一）活动目标

（1）愿意参加游戏，体验体育游戏的乐趣。

（2）能遵守游戏规则并在较窄的低矮物体上行走一段距离。

（3）学习在平衡木上行走。

（二）活动准备

（1）知识经验准备：幼儿已学会听口令按指定方向行走，有参与体育活动的相关经验。

（2）物质材料准备：音乐、口哨、小动物头饰、平衡木。

（三）活动过程

1. 热身活动，激发兴趣

（1）谈话引入。

师：小朋友们，大家好！今天的天气真晴朗呀！我们一起出发到户外玩耍吧！

教师带领幼儿进入活动场地，组织幼儿进行队列训练。

（2）师幼热身。

师：小朋友们，让我们一起跟着音乐运动起来吧！

播放音乐，教师带领幼儿伸伸臂、弯弯腰、蹲一蹲、跳一跳，进行头、肩、腰、腿、脚等热身活动。

2. 学习走平衡木的动作

（1）教师示范讲解动作。

师：小熊渐渐长大了，熊妈妈要教小熊一项新本领，怎样走过小桥呢？你们敢过这座小桥吗？

师：在走平衡木的时候，双脚脚尖向前，两脚交换踩在桥的中间向前走，两臂侧平举保持身体平衡。（教师边讲解边示范）小朋友们，你们学会了吗？我们一起来试试吧！

（2）播放音乐，分组练习走平衡木。

教师将平衡木分散放在场地上，幼儿一个跟着一个走平衡木，两臂侧平举，眼看前方，慢慢向前走，进一步掌握平衡走的基本动作。教师要提醒幼儿慢慢走，不要推挤，注意安全。

（3）个别指导。

教师重点帮助个别较胆小的幼儿，鼓励其大胆参与游戏。

3. 游戏体验，迁移拓展

（1）介绍游戏规则。

听到口令后，小熊向前走过"独木桥"，绕过障碍物，跑到终点。

（2）幼儿集体游戏。将幼儿分成四组，依次进行练习。

（3）比赛游戏。播放音乐，幼儿分组进行接力赛，最先完成的一组为胜。

4. 相互交流，感受分享

（1）评价与小结。

师：今天谁过小桥走得最快？下次我们要争取走得更快一点。

教师表扬大胆走过小桥、身体不摇晃的幼儿。

（2）放松与整理。

师：小朋友们都辛苦了。我们来放松放松吧！

播放轻松音乐，教师带领幼儿一起拍拍肩、捏捏腿，做放松运动，有序带领幼儿离开活动场地。

（四）活动延伸

1. 区域延伸

将器械投放至户外运动区域，鼓励幼儿进行自主游戏。

2. 家园延伸

家长带领幼儿到公园参与体育锻炼，玩"看谁走得最快"的游戏。

潜江市机关幼儿园

陈蕾

活动三

<h1 style="text-align:center">打个招呼吧</h1>

（重点领域：社会）

（一）活动目标

（1）愿意与人打招呼，感受相互问好的愉悦心情。

（2）能勇敢地和认识的人打招呼。

（3）学习用招手、鞠躬、拥抱的方式与人打招呼。

（二）活动准备

（1）知识经验准备：幼儿熟悉故事《小熊请客》的角色和情节。

（2）物质材料准备：小狗、小猫、小鸡布偶，场地布置"小熊的家"，歌曲《你好》。

（三）活动过程

1. 师幼问好，故事导入

（1）师：小朋友们好！和老师打个招呼吧！和你身旁的小伙伴也打个招呼吧！

回顾故事《小熊请客》中小动物带着礼物去小熊家做客的片段，提问：去小熊家做客的有哪些小动物？你们喜欢小狗、小猫、小鸡吗？为什么？

（2）小结：小狗、小猫、小鸡很有礼貌，大家都喜欢它们！我们也来做有礼貌的孩子吧！

2. 欢迎小动物，学习打招呼

师：今天，老师把"小狗""小猫""小鸡"请来做客了，我们掌声欢迎它们吧！

（1）分别请出"小狗""小猫""小鸡"，与幼儿打招呼。

"小狗"与幼儿招招手打招呼："小朋友们好！"

师："小狗"与我们打招呼了，我们应该怎样做？

鼓励幼儿与"小狗"招招手打招呼。

"小猫"向幼儿"鞠躬"打招呼："小朋友们好！"

鼓励幼儿向"小猫"鞠个躬打招呼。

请出"小鸡"，"小鸡"拥抱一名幼儿并打招呼："你好！"

鼓励这名幼儿与"小鸡"拥抱打招呼。

（2）交流讨论，模仿小动物打招呼。

师：小动物客人是怎样和我们打招呼的？

小结：招手、鞠躬、拥抱。

师：我们一起来学一学吧！

请幼儿用学到的打招呼方式主动与"小狗""小猫""小鸡"打招呼。

（3）练习用不同方式打招呼。

鼓励幼儿说一说听到甜甜的问候时，心里的感觉。请幼儿与身边的小伙伴用多种方式相互打招呼。

3. 情景游戏，迁移经验

教师：今天，"小熊"又邀请我们去它家做客了，希望小朋友们都能礼貌地和小熊打招呼。

带领幼儿前往"小熊"的"家"，"小熊"（教师扮演）出门迎接，鼓励幼儿用不同的方式与"小熊"打招呼。

4. 音乐律动，结束活动

伴随《你好》音乐，师幼和"小熊"一起唱歌、跳舞、打招呼。

（四）活动延伸

1. 区域延伸

场景移至角色体验区，支持幼儿后续活动。

2. 家园延伸

鼓励幼儿回家后用学到的方式主动和邻居打招呼。

潜江市机关幼儿园

张学琴

活动四

小熊过生日

（重点领域：科学）

（一）活动目标

（1）对数数感兴趣，体验操作的乐趣。

（2）能够按照指令取一定数量的物体。

（3）感知5以内的数量，能够手口一致地点数并说出总数。

（二）活动准备

（1）知识经验准备：有插蜡烛过生日的经验，能顺利进行4以内的点数并能说出总数。

（2）物质材料准备：蛋糕模型、蜡烛卡片若干、各种小礼物图片若干、不同颜色饼干道具若干、PPT课件。

（三）活动过程

1. 创设情境，激发幼儿兴趣

（1）师：今天是小熊的生日，它打来电话邀请小朋友们去做客，咱们一起去吧！

（2）播放音乐《火车开了》，教师带领幼儿开火车有序进入活动室，找到位子坐下。

2. 学习点数

（1）经验回顾，数一数。

师：你们知道小熊过几岁生日吗？你是怎么知道的？看，小熊的好朋友也来参加它的生日宴会了。数一数一共来了几只小动物？

教师按从左到右的顺序带领幼儿手口一致地点数小动物。

（2）出示课件，找一找。

师：小熊的蛋糕上面都有什么形状的饼干？小熊的生日蛋糕有几层？

初步学习5以内的点数，说出总数。

（3）操作体验，帮一帮。

教师设计帮小熊装饰蛋糕的情节。通过重点提问引导幼儿学习按数取物。

师：小熊想要4个红色饼干，谁能帮助它，把4个红色饼干放到蛋糕上？像刚才那样，放一个，数一个，数出声音来。看看盒子里还有什么颜色的饼干没有摆上去？我们一起把它摆上去吧。边放边数，一共有几个？

尝试按数取物：操作课件，学习按照指令取一定数量的饼干装饰蛋糕。

3.游戏"小熊的礼物"

（1）讲解规则。

师：小熊过生日，你们想参加小熊的生日宴会吗？想要去参加小熊的生日宴会，我们就一起来为小熊准备礼物吧！第一组可以为蛋糕粘贴5根小蜡烛，第二组可以为礼物盒装5个小饼干。

（2）幼儿操作，教师巡回指导。教师观察并进行个别指导，要求幼儿粘贴5根蜡烛或装5个小饼干，并按正确方法进行点数。

4.评价交流，结束环节

（1）师：你们真了不起，学到了点数5以内的物品这个新本领，我们带上蛋糕和饼干送给小熊吧！看，小熊的生日宴会开始了，我们一起为它唱生日快乐歌吧！

（2）教师带领幼儿一起唱歌。

（四）活动延伸

1.区域延伸

点数幼儿家里的物品，找一找哪些物品的数量有5个，尝试练习按数量取物。

2.家园延伸

在生活中，家长可以利用周围的生活物品引导幼儿进行5以内物体的点数。

潜江市机关幼儿园

黄杨珍

活动五

有趣的手指印画

（重点领域：艺术）

（一）活动目标

（1）愿意参与活动，体验手指印画的快乐。

（2）能大胆尝试参与手指印画，添画各种不同的、生动有趣的形象。

（3）学习指纹印画。

（二）活动准备

（1）知识经验准备：让幼儿了解小熊的体态特征。

（2）物质材料准备：《小熊请客》故事图片、故事视频、各色印泥、勾线笔、圆形绘画纸。

（三）活动过程

1. 猜谜导入，激发幼儿兴趣

（1）猜谜。

师：两棵小树十个叉，不长叶来不开花，能写会算还会画，天天劳动人人夸。小朋友，你们猜一猜是什么？

（2）师幼讨论。

师：小朋友们，能干的小手有几个手指宝宝？你们知道手指宝宝的名字吗？

小结：一只小手有五个手指头，两只小手有十个手指头。它们分别是大拇哥、二拇哥、中三娘、四拇弟和小妞妞。

2. 学习手指印画

（1）欣赏手指印画《小熊请客》，认识手指印画。

师：小熊家举办聚会，我们一起来看一看小熊请了哪些好朋友？

教师引导幼儿仔细观察画面，说一说画面上的内容。

师：你们知道这些圆圆的螺纹是怎么画出来的吗？

小结：这些圆圆的螺纹其实是我们的指纹，所以它们也叫作手指印画。

（2）示范讲解。

师：这些小动物是怎么用指纹变出来的呢？

引导幼儿观察了解不同的指纹大小也会不同，根据指纹的大小制作动物。

师：老师要用指纹变小动物了，看看老师会变出什么动物来呢？

教师制作，讲解制作材料和方法。

师：伸出大拇哥，亲亲印泥，在白纸上用力一压，拿起来，小熊的脑袋就制作好了；伸出二拇哥，亲一亲，压一压，小熊的身体就做好了。小熊还缺什么呢？（五官）

教师用勾线笔添加眼睛和嘴巴。

3. 幼儿操作，教师巡回指导

师：相信你们也可以用自己的指纹去制作热情好客的小熊，老师已经为你们准备好了绘画纸、各色印泥、湿巾、勾线笔，谁愿意来试一试？

（1）幼儿尝试，教师指导。

师：让我们一起制作这只热情好客的小熊吧。

教师鼓励幼儿尝试用手指印画，指导幼儿按压的方式，动物身体部位的比例。提醒幼儿将手印进行大胆组合。教师根据幼儿的个体差异进行个别指导，引导能力强的幼儿对作品进行大胆创意。

（2）作品展示，体验成功。

师：小朋友们，说一说你作品的内容，讲清楚画的是什么？它在干什么？

教师将作品进行展示张贴，鼓励幼儿说出对自己作品的想法。

4. 教师小结，收拾整理

教师带领幼儿收拾整理材料。

（四）延伸活动

1. 区域延伸

将作品、材料以及制作步骤图投放至美工区，让幼儿创作其他小动物。

2. 家园延伸

与家人一起分享手指印画的方法和快乐，尝试用手指印画表现自己的想法。

潜江市机关幼儿园

曾君

活动六

童话剧《小熊请客》

第一幕：森林里的早晨

旁白：太阳公公照射着美丽的森林，小动物们从睡梦中醒来，森林里一下热闹了起来……

小狐狸：我的名字叫狐狸，一肚子的坏主意；人人见我都讨厌，说我好吃懒做没出息。太阳升得高又高，肚子里还没吃东西，听说小熊今天过生日，准备了好多好吃的东西，我呀，要去凑热闹，白吃这一顿。

第二幕：小熊过生日

旁白：今天是小熊的生日，邀请了许多好朋友来家里做客。

小熊（唱）：桌子、椅子擦干净，朋友来了真高兴，啦啦啦，啦啦啦，朋友来了真呀真高兴！

（敲门声）

小熊：谁呀？

小猫：我是小猫。

小熊：欢迎你，欢迎你，好朋友，我欢迎你。

小猫：看见你真高兴。小熊，这包点心送给你。

小熊：谢谢你，我也请你吃东西，这是骨头、小虫和小鱼，随便吃点别客气。

小猫：骨头、小虫我不爱，小小鱼儿我最喜欢。

（敲门声）

小熊：谁呀？

小鸡：我是小鸡。

小熊和小猫咪：欢迎你，欢迎你，好朋友，我们欢迎你。

小鸡：看见你们真高兴。小熊，这包点心送给你。

小熊：谢谢你，我也请你吃东西，这是骨头、小虫和小鱼，随便吃点没关系。

小鸡：骨头、小鱼我不爱，小小虫儿我最喜欢。

（敲门声）

小熊：谁呀？

小狗：我是小狗。

小熊、小猫、小鸡：欢迎你，欢迎你，好朋友，我们欢迎你。

小狗：看见你们真高兴。小熊，这包点心送给你。

小熊：谢谢你，我也请你吃东西，这是骨头、小虫和小鱼，随便吃点别客气。

小狗：小虫、小鱼我不爱，骨头是最喜欢。

第三幕：赶走小狐狸

（背景音乐）

旁白：小熊的家里很热闹。这时，小狐狸在小熊家窗户外东张西望。

（敲门声）

小熊：谁呀？

小狐狸：快开门，我是狐狸。

小熊：哎呀，这个坏东西来了。

小狐狸：快开门，把好吃的东西都拿出来。

小猫、小鸡：怎么办，怎么办？

小猫、小鸡和小狗：快说呀，你有什么好办法？

小熊：我盖房子的时候还剩下了好些石头，我把石头分给你们，等一开门，咱们就一起拿石头砸狐狸。

小狗、小猫和小鸡：好，咱们就这么做。

小熊：你们准备好了吗？我去开门！

小狐狸：快把好吃的东西拿来，别惹我生气。

小熊、小猫、小狗和小鸡：好了，给你，给你，都给你。

（几个动物一起朝小狐狸扔石头）

小狐狸：哎哟，哎哟，痛死我了，我要赶紧逃走！

（背景音乐）

小熊：现在好了，咱们大家又可以好好地玩耍了！

小猫：喵喵喵。

小狗：汪汪汪。

小鸡：叽叽叽，叽叽叽。

小熊、小狗、小猫、小鸡：哈哈哈哈哈，赶走大狐狸，心里多欢喜，跳起舞来唱起歌，高高兴兴玩游戏。

潜江市机关幼儿园

万莉

中班篇

绘本《龟兔赛跑》主题活动

◎ 主题活动背景

《龟兔赛跑》是一则耐人寻味的寓言故事，叙述了一只跑得飞快、骄傲自满的兔子，与一只坚持不懈的小乌龟相约赛跑的故事，故事中兔子因为过于自信和轻敌，在中途停下来舒舒服服地睡了一觉，最后败给了乌龟。角色特征鲜明、情节生动有趣，采取拟人化的艺术手法褒龟贬兔，表达了"骄者必败，勤奋不懈终能成功"的道理。

《3~6岁儿童学习与发展指南》指出，幼儿语言的发展贯穿于各个领域，也对其他领域的学习与发展有着重要的影响。"龟兔赛跑"主题活动以绘本为载体，结合五大领域设计活动让幼儿在过程中直接感知、实际操作、亲身体验，使其身心多方面发展。剧情的发展顺序是"龟兔赛跑"—"小兔学本领"—"分享成果"，让幼儿在体验龟兔赛跑角色中感受人物心理状态以及蕴含的道理，并学习乌龟不放弃的精神。最后，大家一起分享自己的劳动成果。

在设计主题戏剧活动方案时，我针对兔子设置了最后的延伸结局，即"小兔学本领"。兔子在面对失败后，没有气馁，开始深刻感悟：失败是因为自己太过懒惰、不踏实，觉得乌龟太慢了，就呼呼大睡，所以乌龟才会赢得比赛，而且，它觉得失败一点也不可怕，并暗下决心一定要改掉这个坏习惯，保证不怕苦不怕累，做事踏踏实实。

◎ 主题活动目标

（1）感受故事中主要角色的形象特征和性格特点，愿意分享角色感受，体验模仿的乐趣。

（2）能观察故事图片，较完整地讲述故事发展的原因，和同伴分工合作进行表演游戏。

（3）理解"龟兔赛跑"的主要内容，知道骄傲使人落后、勤奋不懈终能成功的道理，培养幼儿踏踏实实、不半途而废的良好品质。

◎ 主题环境创设

1. 主题墙

以"龟兔赛跑"为主题，设计四个板块。

板块一："快乐'龟'来"。探秘乌龟网络图，主要呈现乌龟喜欢吃什么？生活在什么地方？为什么背着壳？乌龟壳有什么作用？乌龟为什么爬得那么慢？等内容。

板块二："猜猜谁是小冠军"。投放森林运动会跑步比赛的路线图，粘贴式小动物图片若干、小彩旗等。

板块三："龟兔赛跑我来戏"。展示幼儿在龟兔赛跑童话剧表演中的活动图片，主要有前期创作、道具制作、排练以及演出时的活动图片。

板块四："我们一起来运动"。展示走、跑、跳、钻、攀爬、投掷等基本动作的示范图片，以及幼儿日常锻炼的图片。

2. 区域活动

区域名称	活动材料
语言区	1.投放《龟兔赛跑》故事的拼图卡片若干，鼓励幼儿按故事内容进行排序并大胆讲述 2.投放与乌龟和小兔有关的各类图书、绘本、图片、手偶

区域名称	活动材料
美工区	1.提供纸盒、小塑料筐、纸盘、麻绳、彩带等，用于制作乌龟壳 2.提供彩纸、双面胶、剪刀，供幼儿尝试制作草地、大树等故事道具 3.制作龟兔赛跑的海报
科学区	1.提供2～3种不同品种的小乌龟及其养殖器皿，分小组开展饲养活动，并给小乌龟取名字 2.分小组制作照顾小乌龟的计划表，记录乌龟的饲养过程 3.收集分辨乌龟性别的方法图片，如看龟壳、尾巴、花纹等
表演区	1.提供龟兔赛跑的皮影道具、故事配音 2.提供小动物服装、头饰、小树等道具
建构区	提供积木、纸盒、布等多种材料，引导幼儿为乌龟和兔子搭建不同的赛道
益智区	1.提供龟兔赛跑迷宫图，比一比谁能最快走到终点 2.提供棋类材料，比一比谁先到达终点，在游戏过程中强化幼儿对小动物生活习性等方面的了解

◎ 家园共育

1. 运动小达人

家长带领孩子到户外进行"龟兔赛跑"体育游戏。

2. 稚言稚语

在熟悉原故事的基础上，结合幼儿的生活经验，组织开展第二次龟兔赛跑、第三次龟兔赛跑的故事续编，引导幼儿发现成功与失败之间的内在关系。

3. 爱心饲养

有饲养条件的家庭，可以饲养小乌龟，让幼儿观察和照护管理。

4. 巧手妙思

家长和孩子一起制作绘本"新龟兔赛跑"。

◎ 故事资源

龟兔赛跑

有一天，兔子碰见乌龟，看见乌龟爬得这么慢，就想捉弄它。于是，兔子笑眯眯地说："乌龟，乌龟，咱们来赛跑，好吗？"乌龟知道兔子在开它玩笑，瞪着一双小眼睛，不理也不睬。兔子知道乌龟不敢跟它赛跑，乐得摆着耳朵直蹦跳，还编了一支山歌嘲笑它："乌龟，乌龟，爬爬爬，一早出门采花朵；乌龟，乌龟，走走走，傍晚还在家门口。"

乌龟生气了，说："兔子，兔子，你别神气活现的，咱们来赛跑！"

"什么？乌龟，你说什么？""咱们这就来赛跑。"兔子一听，差点笑破了肚子："乌龟，你真敢跟我赛跑？那好，咱们从这儿开始跑，看谁先跑到那边山脚下的大树旁。预备！一，二，三——"兔子撒腿就跑，跑得可真快，一会儿就跑得很远了。它回头一看，乌龟才爬了一小段路，心想：乌龟敢跟兔子赛跑，真是天大的笑话！我呀，在这儿睡上一大觉，让它爬到这儿，不，让它爬到前面去吧，我三蹦两跳地就追上它了。兔子往地上一躺，合上眼皮，真的睡着了。再说乌龟，爬得可真慢，可是它一个劲儿地爬，爬呀，爬呀，等它爬到兔子身边，已经筋疲力尽了。看到兔子还在睡觉，乌龟也想休息一会儿，可它知道兔子跑得比它快，只有坚持爬下去才有可能赢。于是，它不停地往前爬。离大树越来越近了，只差几十步了，十几步了，几步了……终于到了。

兔子呢？它还在睡觉呢！兔子醒来了，往后一看，唉，乌龟怎么不见了？再往前一看，哎呀，不得了了！乌龟已经爬到大树底下了。兔子一看可急了，急忙赶上去，可是已经晚了，乌龟赢得了比赛。

◎ 主题教学活动

活动一

龟兔赛跑

（重点领域：语言）

（一）活动目标

（1）喜欢听故事，体验表演故事的快乐。

（2）能大胆地尝试用自己的话较完整地讲述故事。

（3）了解故事的情节线索，懂得勤奋不懈终能成功的道理。

（二）活动准备

（1）知识经验准备：幼儿对乌龟和小兔的外形有一定的认识。

（2）物质材料准备：绘本故事《龟兔赛跑》PPT课件、故事录音、《比赛律动》音乐、小动物头饰。

（三）活动过程

1. 谈话导入，引出活动主题

师：小朋友们，你们喜欢跑步吗？今天，有两只小动物也很爱跑步呢！我们来看看它们是谁？（出示兔子、乌龟图片）

师：小乌龟和小兔子，跑着跑着，发生了争论。小朋友猜一猜，小乌龟和小兔子之间发生了什么事情呢？

2. 播放绘本故事PPT，初步理解故事内容

（1）播放PPT第1~5页，了解小乌龟为什么要和小兔子比赛。

师：发生了什么事？为什么乌龟要和兔子比赛呀？你从哪儿看出来的？你们猜一猜，今天乌龟和小兔子谁会赢得比赛呢？

小结：因为兔子嘲笑乌龟爬得慢，所以它们俩决定比赛。

（2）播放PPT第6~10页，欣赏故事中乌龟和兔子的比赛环节。

师：兔子和乌龟开始比赛，兔子跑得那么快，为什么却输了？

为什么乌龟爬得那么慢，反而赢了比赛呢？小朋友们觉得乌龟表现得怎么样呢？

小结：比赛刚开始一会儿，兔子就超过乌龟一大段距离了，它觉得比赛太轻松了，于是就先睡了一觉，结果乌龟就超过它了。乌龟在比赛中，不怕辛苦，坚持不懈，一刻也没有休息，实在是太棒了！所以乌龟在比赛中取得了胜利。

（3）完整欣赏故事。

师：你们觉得这是一只什么样的兔子？这只乌龟又是什么样子的？

小结：故事中的乌龟爬得慢但它很努力、不放弃，兔子跑得快却太骄傲自满，最终失败了。

3. 故事表演

（1）教师旁白，幼儿表演。

师：听老师讲述故事，小朋友自选动物，我们来试一试分角色表演。

（2）播放录音，幼儿表演。

师：小朋友都熟悉故事了，现在请你们戴上头饰和我一起来表演这个有趣的故事，一定要注意小动物的语言和表情哟！

4. 感受分享

（1）师：故事里的乌龟和兔子你更喜欢谁？为什么喜欢？小朋友们要学习乌龟的什么精神呢？

小结：我们要学习乌龟做事情不怕苦、不放弃、坚持到底的精神，懂得骄傲使人落后的道理。

（2）教师对幼儿表现进行鼓励与评价。（从语言、动作展示、合作效果、表现力等方面评价）

师：今天《龟兔赛跑》故事表演得真精彩！小朋友们，现在我们一起到户外进行一场跑步比赛吧！

（四）活动延伸

1. 区域延伸

投放动物头饰至语言区，供幼儿继续讲述故事，并尝试故事仿编。投放相关角色头饰、表演服装、道具至表演区供幼儿自主开展表演游戏。

2. 家园延伸

请家长在家跟幼儿一起阅读《龟兔赛跑》故事，并表演。

潜江市机关幼儿园

樊琴琴

活动二

爬爬乐

（重点领域：健康）

（一）活动目标

（1）乐意参加体育游戏，体验爬行的快乐。

（2）能遵守规则，双手着地、膝盖悬空地爬过物体。

（3）学习双手着地、膝盖悬空向前爬行。

（二）活动准备

（1）知识经验准备：幼儿有参与体育游戏的经验，已掌握双手、双脚着地爬行的技巧。

（2）物质材料准备：平衡木、口哨、音响、红旗、大圆滚筒、赛道布置。

（三）活动过程

1. 集体热身，激发兴趣

（1）创设情境，激发幼儿活动兴趣。

师：小朋友们，你们好！森林里要举行运动会了，小乌龟给你们寄来了运动会邀请函，你们想去参加运动会吗？今天我们一起来和小乌龟做游戏吧！

（2）播放音乐，师幼一起热身。

教师带幼儿有序地排成四路纵队，播放《运动歌》，引导幼儿跟随音乐做热身运动。

师：让我们一起来活动身体，准备去参加森林运动会吧！向前跑一跑，向后跳一跳，向左转一转，向右扭一扭，抖抖手，抖抖脚，扭扭脖子，动动

腰，左右摇摆更健康。（重点引导幼儿做手部、腿部运动）

2. 学习双手着地、膝盖悬空爬行动作

（1）教师引导幼儿尝试双手着地、膝盖悬空模仿小乌龟爬行。

师：小乌龟怎么样才能爬得又快又远呢？

幼儿自由尝试，教师邀请成功的幼儿展示，请失败的幼儿分析原因。教师点评并总结动作要领：双手撑地，两腿稍屈膝，头稍抬起，眼睛向前看，双手双脚协调配合，用力向前爬行。

（2）教师示范"小乌龟"爬的动作。

师：在爬行的训练过程中，一定要双手撑地，两腿稍屈膝，头稍抬起，眼睛向前看，双手双脚协调配合，用力向前爬行，千万不能让膝盖着地。（教师边讲解边示范）小朋友们，你们学会了吗？

（3）再次练习膝盖悬空向前爬。

将平衡木放在场地上，教师组织幼儿大胆尝试，将双手放在平衡木前，两脚放在平衡木后，肚子不能碰到平衡木，不要推挤旁边的小伙伴，以免发生危险。及时鼓励胆小的幼儿，提醒幼儿注意保持正确动作，勇往直前。

支持幼儿自由尝试，鼓励幼儿正确面对失败，肯定幼儿的大胆表现。

3. 体育游戏《森林运动会》

（1）创设情境，讲解规则。

师："小乌龟"们，森林运动会开始咯！你们准备好了吗？

师：现在我们要爬过弯弯的小桥，钻过山洞，跑过草坪，再原路返回，小组最后一名宝宝夺取红旗，最先拿到红旗的乌龟宝宝组获胜。

玩法：幼儿爬过小桥（较窄平衡木）—钻过山洞（大圆滚筒）—跑过草坪（跑道）—原路返回。

（2）播放音乐，组织游戏。

教师观察指导，引导幼儿遵守游戏规则，注意安全，重点提醒幼儿膝盖一定要悬空。

师："小乌龟"们，准备开始咯！

在活动中对爬平衡木和钻山洞进行重点指导，对于能力稍弱的幼儿，可鼓励其多次训练。

（3）比赛：比比谁最快。

师：现在分成四组，比比看哪组"小乌龟"能最快夺取红旗获胜。听到口哨声后，第一名幼儿爬过小桥（平衡木），钻过山洞，跑过草坪，原路返回，与第二名幼儿拍手接力。依次进行，最先夺取红旗的一组为胜。

引导幼儿注意安全，体验游戏成功的快乐。

4. 情感体验，放松活动

（1）播放轻松音乐，教师和幼儿一起做放松运动。

（2）师：今天，"小乌龟"们真棒，都能在运动会中表现出不怕苦、不怕累，勇往直前的精神！今天获胜的"小乌龟"们，你们的心情怎么样？

小结：引导幼儿大胆表达自己的想法，对活动中幼儿的表现进行鼓励和表扬，激发幼儿对体育活动的兴趣。

（四）活动延伸

1. 区域延伸

将活动材料投放至固定器材区，鼓励幼儿自主游戏。

2. 家园延伸

和爸爸妈妈一起玩钻爬的游戏，进一步掌握双手着地、膝盖悬空的动作要领。

潜江市机关幼儿园

邓亚亚

活动三

我坚持，我能行

（重点领域：社会）

（一）活动目标

（1）体验坚持的不容易，感受坚持完成任务带来的成功感。

（2）面对挑战能克服困难，坚持到底。

（3）感知坚持的重要性，知道做事要坚持不放弃。

（二）活动准备

（1）知识经验准备：听过《龟兔赛跑》故事。

（2）物质材料准备：《龟兔赛跑》故事课件，创设跑步挑战场地，小兔子手偶、"坚持"奖牌若干，有关坚持的视频。

（三）活动过程

1. 谈话导入，引出主题

师：小朋友们，还记得《龟兔赛跑》的故事吗？比赛中谁赢了？谁输了？为什么小乌龟会赢呢？我们再来一起看看小乌龟在比赛中的表现吧！

2. 体验坚持，感知坚持的重要性

（1）播放课件，感知小乌龟的坚持与不放弃。

播放小乌龟跑步比赛片段，提问：小乌龟为什么会赢？

小结：跑步比赛对于小乌龟来说，很难、很累，但它全力以赴、坚持到底，终于赢得了比赛。能做到坚持到底很不容易，但坚持能让我们更好地完成任务，变得更加优秀，我们要学习小乌龟做事情坚持、不放弃的好品质。

（2）观看视频，感受坚持的力量。

① 播放视频前半段：小女孩在乒乓球训练时，因动作不够规范被教练训哭。

提问：你们猜小女孩是退出训练还是坚持训练？

② 播放视频后半段：小女孩擦干眼泪后坚持练习。多年来，小女孩每天

都要进行近万次的挥拍训练，累了就擦干汗水接着训练，一直坚持，从不放弃。最后，她获得了全国少儿乒乓球比赛女子单打冠军。

师：小女孩为什么能获得冠军？她是如何坚持的？

小结：坚持的力量是巨大的，坚持就能获得成功！

3. 跑步挑战，感受坚持带来的成功感

（1）创设情境，跑步挑战。

创设具有一定难度和挑战性的跑步场地：用梯架、地垫、平衡木、呼啦圈等搭建成高山、草地、河流、山洞，途中设置一定的障碍物。

出示小兔子手偶：小朋友们好！在和小乌龟的跑步比赛中，我因为骄傲自满，不够坚持，所以输掉了比赛。我现在知道，做任何事情都要脚踏实地，要坚持、不放弃！于是，我每天坚持训练，提升自己的能力，我相信，我一定能跑完全程！你们愿意给我一次机会，再跑一次吗？

师：我们同小兔子一起去参加跑步挑战吧，希望小朋友们都能克服困难，坚持到底，获得胜利！

（2）颁发奖牌，体验坚持带来的成功感。

幼儿交流自己在跑步挑战中的感受，如遇到了什么困难，是如何坚持的。

为"小兔子"和挑战成功的幼儿颁发"坚持"奖牌，鼓励没有成功的幼儿不要灰心，坚持练习，一定会成功。希望幼儿在以后的生活和学习中遇到困难也能坚持到底、不放弃！

4. 生活中的坚持

师：在日常的生活中你遇到过哪些很累、很难、不想做的事？你放弃了吗？是怎么做的？为什么要这样做？

（四）活动延伸

1. 区域延伸

班级开展"坚持之星"评比（如坚持读书、坚持早睡早起、坚持锻炼等），持续培养幼儿坚持的良好品质。

2. 家园延伸

亲子共同制订家务计划并每日打卡（连续打卡一周或一月可获得相应的小奖励），鼓励幼儿坚持自己的事情自己做，坚持在家做力所能及的家务事。

潜江市机关幼儿园

张学琴

活 动 四

小乌龟的新房子

（重点领域：科学）

（一）活动目标

（1）乐于参与活动，体验游戏的乐趣。

（2）能发现物体的排列规律，尝试设计新规律。

（3）学习按物体特征进行有规律的排序。

（二）活动准备

（1）知识经验准备：熟悉ABAB排序规律。

（2）物质材料准备：PPT课件、学具每人一份、挑战游戏所需的游戏材料。

（三）活动过程

1. 谈话导入

师：小乌龟要搬新家了，它邀请小动物们去家里做客，我们一起去看一看吧！

2. 学习按规律排序

图片一：石头小路。

师：小狗、小猫、小熊去小乌龟家做客，要经过一条漂亮的石头小路。小路的石头有不同的图案，小朋友找找看，你发现了什么秘密？

小结：石头小路上的图案是按太阳星星月亮、太阳星星月亮的规律排序的。

图片二：漂亮的窗帘。

师：小乌龟的家到了，房子可真大啊！小朋友看看小乌龟家漂亮的窗帘，你有什么新发现？

小结：漂亮的窗帘是按红黄蓝、红黄蓝的颜色规律排序的。

图片三：美丽的项链。

师：小动物们给小乌龟送上了礼物，小朋友看看美丽的项链，你发现了什么规律呢？

小结：项链是按圆形正方形三角形、圆形正方形三角形的形状规律排序的。排序的方法有多种，可按形状、颜色、数量等多种特征排序，这种采用三个不同物体或物体的三个不同特征进行排序的方法就叫作ABC排序模式。

3. 操作体验

（1）讲解要求。

师：我们也来给小乌龟制作礼物吧。第一组，老师为你们准备了太阳、星星、月亮三种不同的小串珠，请你按图片上的规律串好项链。第二组，老师为你们准备了小围巾涂色卡，请你选择喜欢的三种颜色按规律涂色，将设计好的小围巾送给小乌龟吧！

（2）幼儿操作，教师巡回指导。

（3）引导幼儿介绍自己做的礼物，说明排序规律。

师：说一说，你是根据怎样的规律制作的？

4. 欢庆派对

（1）生活中的规律。

师：制作出来的有规律的礼物真漂亮，小乌龟可高兴啦！小朋友，找一找生活中你还发现了哪些规律呢？

（2）动作规律。

师：小乌龟很高兴小朋友来做客，邀请我们跳舞，请小朋友跟随音乐一起，按拍手、拍肩、拍腿的规律跳起来吧！

（四）活动延伸

1. 区域延伸

将活动材料投放到科学区，供幼儿再次进行区域游戏活动，尝试创造新的排序规律。

2. 家园延伸

家长和幼儿找一找家里是否有规律排序的图案，如按颜色间隔排列的瓷砖、按形状间隔排列的珠帘等，带领幼儿尝试设计有规律的花边图案。

潜江市机关幼儿园

黄引璋

活动五

跳跳爬爬

（重点领域：艺术）

（一）活动目标

（1）喜欢与同伴一起做音乐游戏，对音乐节奏变化感兴趣。

（2）能够感知和捕捉音乐的快慢变化，进行乐器演奏。

（3）尝试用十六分音符"×××× | ×××× | ×××× | ×－|"来表现有关小兔子的乐段，用二分音符"×－| ×－| ×－| ×－|"来表现有关小乌龟的乐段。

（二）活动准备

（1）知识经验准备：幼儿知道小兔子跑得快，小乌龟爬得慢。前期已熟悉音乐《龟兔赛跑》。

（2）物质材料准备：音乐《龟兔赛跑》，《龟兔赛跑》图谱，小兔子、小乌龟头饰若干，沙蛋、响板、非洲鼓、摇铃、双响筒等乐器。

（三）活动过程

1. 随音乐拍手，感知节奏快慢

（1）教师播放音乐《龟兔赛跑》，幼儿听音乐，感知节奏快慢。

教师提问：小朋友们听一听，音乐节奏是什么样的呢？

（2）请小朋友们听音乐，用拍手的方式，表现音乐节奏快慢的变化。

师：请小朋友们仔细倾听音乐，跟随音乐节奏的快慢，来拍一拍我们的小手。音乐快就快快拍，音乐慢就慢慢拍。

2. 看图谱学习节奏

（1）分段欣赏音乐，感知旋律。

① 教师播放音乐A段，出示图谱，幼儿尝试随音乐节奏拍手，用来表现节奏"×××× | ×××| ××××| ×–|"。

师：小朋友们听一听小兔子的音乐，和老师一起来看图谱拍一拍小兔子跑的节奏吧。

② 教师播放音乐B段，出示图谱，幼儿尝试随音乐节奏拍手，用来表现节奏"×–|×–|×–|×–|"。

师：小朋友们听一听小乌龟的音乐，和老师一起来看图谱拍一拍小乌龟爬的节奏吧。

小结：A段分给小兔子，因为小兔子跑得快；B段分给小乌龟，因为小乌龟爬得慢。

（2）尝试演奏两种节奏。

①幼儿看图谱，教师指挥完整演奏。播放音乐A段让幼儿表现"小兔子跳"，播放音乐B段让幼儿表现"小乌龟爬"，按音乐节奏"×××× | ×××| ××××| ×–|"和"×–|×–|×–|×–|"来拍手。

② 教师出示乐器，请幼儿自由选择，并感受乐器的音色，然后选择两种乐器分配给小兔子和小乌龟。

教师提问：有哪些乐器？为什么这样分配？（小兔子——双响筒，小乌龟——响板）

③ 完整倾听音乐《龟兔赛跑》，请幼儿随音乐用乐器表现角色。重点表现出"小兔子跑"节奏"×××× | ×××| ××××| ×–|"的轻和快、"小乌龟爬"节奏"×–|×–|×–|×–|"的重和慢。幼儿用乐器与教师一起，看图谱跟随音乐完整地用节奏"×××× | ×××| ××××| ×–|"和"×–|×–|×–

|×－|"来表现"小兔子跑"和"小乌龟爬"。

3. 音乐节奏游戏

（1）将幼儿分为两组，分别佩戴小兔子和小乌龟头饰，分组进行音乐游戏：兔子跳跳乌龟爬。

（2）教师介绍游戏玩法和规则。

玩法：把全班幼儿分成两部分，一部分幼儿扮演小兔子，另一部分幼儿扮演小乌龟。播放音乐《龟兔赛跑》，扮演小兔子的幼儿在听到轻快节奏乐段时，用双响筒表现节奏"× × × ×|× × ×|× × × ×|×－|"；扮演小乌龟的幼儿在听到缓慢节奏乐段时，用响板表现节奏"×－|×－|×－|×－|"。

规则：幼儿随音乐节奏演奏乐器，小兔子在缓慢乐段时要保持静止，小乌龟在轻快乐段时要保持静止。

（3）交换角色，再次进行游戏，巩固幼儿对《龟兔赛跑》音乐节奏的感知和掌握。

4. 分享交流

音乐结束，教师总结活动，给予幼儿肯定评价，活动自然结束。

（四）活动延伸

1. 区域延伸

在音乐区投放沙蛋、响板、非洲鼓、摇铃、双响筒等乐器，鼓励幼儿用不同的乐器表现《龟兔赛跑》的音乐节奏。

2. 家园延伸

家长带领幼儿用生活中的物品来表现音乐，如什么物品敲击的声音可以表现小兔子跑，什么物品敲击的声音可以表现小乌龟爬。

图谱：

龟兔赛跑

潜江市机关幼儿园

赵妮

活动六

童话剧《新龟兔赛跑》

第一幕：运动会准备中

（背景音乐）

旁白：阳光明媚的上午，森林里好热闹啊！小猴在练习跳绳，小熊在练习投球，大象在练习举重，小兔子在练习跑步，小鸟在练习飞行……小动物们都在为运动会认真地准备着。这时一只小乌龟慢慢爬来了。

小兔子：乌龟，你在干什么呀？

乌龟：我在练习跑步呢！

小兔子：乌龟、乌龟，爬爬，一早出来玩耍；乌龟、乌龟，走走，天黑还在门口。

小乌龟：小兔子，不要瞧不起人，我们来比赛！

小兔子：你敢跟我比赛？

小乌龟：小兔子，你别神气，比就比！

第二幕：小乌龟被嘲笑

（背景音乐）

旁白：长颈鹿伯伯听到了它们的对话，伸着脖子走了过来。

小乌龟：长颈鹿伯伯，小兔子要和我比赛跑步，您愿意给我们做裁判吗？

长颈鹿：好，没问题。

（背景音乐）

旁白：小动物都跑了过来，叽叽喳喳地讨论着。

小熊：乌龟怎么能跑赢小兔子呢？

大象：不用比就知道谁是第一名。

小鸟：乌龟、乌龟，你别比了。你肯定没有小兔子跑得快！（小松鼠在一旁连连点头）

小蚂蚁：小乌龟别害怕，坚持就是胜利！

第三幕：跑步比赛

长颈鹿：下面我来宣布比赛规则，谁先跑到那边山脚下的苹果树旁，谁就是胜利者。预备！一，二，三，开始——

旁白：兔子撒开腿就跑，一会儿就跑得看不见影了。它回头一看，乌龟才爬了一小段路。

大象：你们看，还是小兔子跑得快。

小熊：乌龟这是自不量力。

小兔子：乌龟敢和我比赛跑步，真是天大的笑话！我先在这儿睡一会儿吧！

小蚂蚁、小鸟：小乌龟，快点爬。加油，加油！

（背景音乐）

旁白：小兔子在树下想着乌龟慢慢爬的样子，想着想着就睡着了。

乌龟：虽然小兔子比我跑得快，但我还是要坚持爬到终点。

（背景音乐）

旁白：小乌龟不停地向前爬，兔子还在呼呼大睡。

大象、小熊：小兔子，不能睡，不能睡！

乌龟不停地往前爬，终于爬到了小兔子旁边，它看了看小兔子睡着的样子，继续向前爬。大树越来越近了，只差几十步了，十几步了，几步了……可小兔子还在美美地睡觉呢。乌龟看了看小兔子，继续向前爬。

小鸟：小乌龟，加油！

小蚂蚁：小乌龟你快点爬，小兔子还没醒呢！

大象、小熊：小兔子，快醒醒，别睡啦！乌龟爬到你前面去啦！

（背景音乐）

旁白：过了很久，小兔子终于醒了。它揉了揉眼睛，回头一看，心想：小乌龟还在后面爬吗？我再睡一会儿。

小熊：小兔子，别睡啦！乌龟都爬到前面了。

小兔子：什么，乌龟爬得这么快吗？

旁白：小兔子急忙起身，往前一看，心里可着急了，连忙向前跑去。可是已经来不及了，小乌龟到终点了。

长颈鹿：嘘——下面，我宣布小乌龟获胜！

小鸟、小蚂蚁：小乌龟，祝贺你！祝贺你！你是第一名！

大象：小兔子太骄傲自满了。

小熊：我们要向小乌龟学习，坚持就是胜利！

（背景音乐）

旁白：小兔子灰心地低着头，不好意思地走到小乌龟面前。

小兔子：小乌龟，对不起，我不该嘲笑你。祝贺你取得胜利，我以后再也不骄傲自满了。

长颈鹿：我们做任何事情都应该坚持到底，不能半途而废，更不能用自己的长处比别人的短处。

小动物们：我们知道了。

旁白：大家都笑了，又开始练习，为运动会的到来继续做准备。

潜江市机关幼儿园

万莉

绘本《三只蝴蝶》主题活动

◎ 主题活动背景

　　《三只蝴蝶》是一个充满爱的故事，讲述了三只蝴蝶之间坚定不移、团结友爱、相互关心的美好感情。故事中，突然而至的大雨给三只蝴蝶出了一道难题：红花只愿意接受红蝴蝶来躲雨，黄花只愿意接受黄蝴蝶来躲雨，白花只愿意接受白蝴蝶来躲雨。可是三只蝴蝶是好朋友，相亲相爱不分离，它们会怎么办呢？"我们三个好朋友，相亲相爱不分手，要来一起来，要走一起走"反复出现，将故事情节推向高潮，引发幼儿的思考。

　　《3~6岁儿童学习与发展指南》指出，幼儿在与成人和同伴交往的过程中，不仅学习如何与人友好相处，也学习如何看待自己、对待他人，不断发展适应社会生活的能力。现在的幼儿很多是独生子女，自我意识比较强，有的幼儿缺乏友爱互助的品质。在生活中，幼儿也会遇到困难，也有需要别人帮助的时候，本故事既符合幼儿的年龄特点，又符合幼儿的现实需要。基于此，我们充分挖掘故事的教育价值，从室内到户外，让幼儿在说一说、找一找、唱一唱、跳一跳、演一演的活动中，促进他们语言、审美、交往、合作、表现、创造等方面的和谐发展。

◎ 主题活动目标

　　（1）喜欢观察生活中的蝴蝶，体验大自然的美好。

　　（2）能运用唱、画、表演多种形式大胆表现，尝试进行角色表演，有表情地进行角色对话，能将故事中反复出现的对话完整表达。

（3）理解故事《三只蝴蝶》的主要内容，感知三只蝴蝶对伙伴不离不弃的美好友谊。

◎ 主题环境创设

1. 主题墙

以"三只蝴蝶"为主题，设计四个板块。

板块一："蝴蝶的翅膀"。收集各种蝴蝶图片或标本，观察蝴蝶的翅膀，了解蝴蝶翅膀的作用。

板块二："和好朋友在一起"。收集幼儿和好朋友一起游戏的图片。

板块三："小小设计师"。收集生活中对称的物品或图片，感知对称美；展示幼儿通过折纸、剪纸、黏土、绘画、拼搭等形式设计的对称作品。

板块四："我们的表演"。呈现幼儿在表演游戏中的过程性活动照片和亲子服装表演秀照片。

2. 区域创设

区域名称	活动材料
语言区	1.提供与蝴蝶相关的各类绘本图书，丰富幼儿的认知经验 2.提供点读发声书、有声挂图、头饰，幼儿复述故事内容
科学区	1.提供红、黄、白三色蝴蝶和花朵，幼儿进行"蝴蝶找花"游戏 2.提供蝴蝶生长过程图示，帮助幼儿观察和了解蝴蝶的生长过程
美工区	1.提供白布、染料、水盆等，晕染蝴蝶 2.提供彩色卡纸、不织布、瓦楞纸、彩绳、剪刀、双面胶等，制作蝴蝶花
建筑区	提供彩色纸杯、积木、地垫、纸板、泡沫板、彩色毛条等，搭建"蝴蝶花园"
表演区	提供故事图片、蝴蝶服饰、花草树木、音乐，进行表演游戏
生活区	1.提供蝴蝶模具、打蛋器、小烤箱、面粉、鸡蛋等，制作蝴蝶饼干 2.提供蝴蝶面、调料、电磁炉、汤锅等，进行品尝活动
益智区	1.提供不同颜色、不同大小的蝴蝶翅膀卡片若干，进行"找翅膀"配对游戏 2.提供硬纸板、红黄蓝绿蝴蝶卡片若干、上下左右箭头4个、红黄蓝绿颜色排序图示卡4张，幼儿按箭头方向和图示卡进行"蝴蝶飞"游戏

◎ 家园共育

1. 走进大自然

家长带幼儿去森林公园、大堤、田野寻找蝴蝶和捕捉蝴蝶，拍摄花花草草的照片。

2. 花朵创意秀

家长和幼儿一起利用各色一次性桌布、收纳袋、报纸、布、编织袋等制作花朵服装，参加幼儿园"小小芽儿茁壮成长"主题活动。

3. 家长助教

家长志愿者为幼儿进行提线木偶戏《三只蝴蝶》表演，帮助幼儿进一步巩固故事内容。

4. 非遗活动

组织家长和幼儿走进非物质文化遗产中心，体验、学习用面塑制作花朵。

◎ 故事资源

三只蝴蝶

花园里有三只蝴蝶。一只蝴蝶是红的，一只蝴蝶是黄的，一只蝴蝶是白的。它们天天在花园里一块儿游玩，非常快乐。

有一天，它们正在草地上捉迷藏，突然下起大雨来。

它们一起飞到红花那里，齐声向红花请求说："红花姐姐，红花姐姐，大雨把我们的翅膀打湿了，大雨把我们淋得发冷了，让我们飞到你的叶子下避避雨吧！"

红花说："红蝴蝶的颜色像我，请进来；黄蝴蝶、白蝴蝶，快点飞开！"三只蝴蝶齐声说："我们三个好朋友，相亲相爱不分手，要来一起来，要走一起走。"

雨下得更大了，三只蝴蝶一起飞到黄花那里，齐声向黄花请求说："黄花姐姐，黄花姐姐，大雨把我们的翅膀打湿了，大雨把我们淋得发冷了，让我们飞到你的叶子下避避雨吧。"

黄花说："黄蝴蝶的颜色像我，请进来；红蝴蝶、白蝴蝶，快点飞开！"三只蝴蝶齐声说："我们三个好朋友，相亲相爱不分手，要来一起来，要走一起走。"

三只蝴蝶一起飞到白花那里，齐声向白花请求说："白花姐姐，白花姐姐，大雨把我们的翅膀打湿了，大雨把我们淋得发冷了，让我们飞到你的叶子下避避雨吧！"

白花说："白蝴蝶的颜色像我，请进来；红蝴蝶、黄蝴蝶，快点飞开！"三只蝴蝶齐声说："我们三个好朋友，相亲相爱不分手，要来一起来，要走一起走。"

三只蝴蝶在大雨里飞来飞去，找不着避雨的地方，真是着急呀！可是它们谁也不愿意离开自己的朋友。

这时候，太阳公公从云缝里看见了，连忙把天空的乌云赶走，吩咐雨别再下了。

天晴了，太阳公公发出热的光，把三只蝴蝶的翅膀晒干了。三只蝴蝶迎着太阳，一块儿在花园里快乐地跳舞游戏。

◎ 主题教学活动

活动一

三只蝴蝶

（重点领域：语言）

（一）活动目标

（1）喜爱阅读，感受同伴间不离不弃、团结互助的情感。

（2）能根据故事内容进行角色表演。

（3）熟悉和理解故事内容，初步掌握三朵花和三只蝴蝶的对话。

（二）活动准备

（1）知识经验准备：幼儿认识蝴蝶。

（2）物质材料准备：绘本《三只蝴蝶》，《三只蝴蝶》故事音频，红花、白花、黄花、红蝴蝶、白蝴蝶、黄蝴蝶、太阳公公角色扮演道具。

（三）活动过程

1. 音乐导入，引出活动主题

播放歌曲《蝴蝶花》，幼儿学蝴蝶飞动作，引出活动主题"三只蝴蝶"。

师：瞧！活动室里飞来了三只蝴蝶。看来，它们也被我们的歌声吸引了。三只蝴蝶发生了什么事呢？我们一起去看一看吧！

2. 分页阅读，理解故事内容

（1）幼儿欣赏PPT第1页。

提问：突然下起了大雨，三只蝴蝶是怎么避雨的呢？（模仿红蝴蝶与红花姐姐的对话，感受红蝴蝶团结友爱的精神）

（2）幼儿欣赏PPT第2～4页。

提问：为什么三只蝴蝶会被雨淋湿？最后谁来帮助它们了？（模仿"三只蝴蝶在大雨里飞来飞去，找不到避雨的地方，真是着急呀"这一情景，感受三只蝴蝶着急的样子）

（3）幼儿欣赏PPT第5～7页。

师：三朵花是怎么说的？三只蝴蝶是怎么回答的？最后，三只蝴蝶到花姐姐叶子下躲雨了吗？是谁帮助了三只蝴蝶？

小结：三只蝴蝶团结友爱，谁也不愿意离开谁，最后在太阳公公的帮助下晒干了翅膀，又回到花园里快乐地跳舞游戏。

3. 体验角色，创意表演故事

（1）学习角色对话，教师充当旁白的角色讲述故事内容，幼儿尝试表演。

（2）熟悉表演道具，教师引导幼儿根据自己喜欢的角色进行表演。

（3）播放音频，幼儿模拟表演片段。

4. 感受分享，抒发参演体会

（1）幼儿自由表达对于绘本的感受，参与表演的体会。

（2）教师对幼儿表现进行鼓励与评价。（师：你们刚刚的表演实在是太棒、太精彩了，小花朵和小蝴蝶的对话与动作表演得栩栩如生，老师真为你们高兴！）

（3）讨论。如果你们是三只蝴蝶，遇到了下大雨又不想和好朋友分开，你们能想到避雨的好办法吗？

（四）活动延伸

1. 区域延伸

在图书区中投放绘本《三只蝴蝶》、图卡；在表演区中投放相关角色服饰、道具，幼儿可自主展开区域活动。

2. 家园延伸

家长可和幼儿一起收集关于蝴蝶的更多绘本故事，了解蝴蝶的相关知识。

潜江市机关幼儿园

雷齐琪

活动二

运动小健将

（重点领域：健康）

（一）活动目标

（1）乐意参与体育游戏，体验活动带来的快乐。

（2）能单脚连续向前跳2米，提高跳跃动作的协调性。

（3）学习单脚跳动作。

（二）活动准备

（1）知识经验准备：幼儿有参与体育游戏的经验，已掌握钻、走平衡木的动作技能。

（2）物质材料准备：拱门、呼啦圈、平衡木、口哨、音乐。

（三）活动过程

1. 创设情境，热身活动

师：小朋友们好，听说蝴蝶公园将要举办游戏节，你们愿意和老师一起去玩闯关游戏吗？

播放音乐，师幼一起热身。

师：让我们跟着音乐一起舞动起来吧！

教师带领幼儿一起做绕肩、甩臂、绕颈、踢腿、扩胸等热身动作，重点锻炼腿部力量。

2. 学习单脚连续向前跳动作

（1）教师引导幼儿单脚向前跳。

师：闯关游戏中有一个项目是单脚跳，你们知道单脚跳是怎么跳的吗？怎样才能跳得又快又远？

教师鼓励幼儿自由尝试，教师进行观察，并请成功的幼儿展示。

（2）教师示范讲解单脚跳的动作。

师：在跳的过程中，一条腿站立，另一条腿弯曲，掌握身体平衡。身体平稳连续向前跳，起跳时微屈膝，落地脚掌着地。（教师边讲解边示范）小朋友，你们学会了吗？

请个别幼儿展示单脚跳的动作，教师点评并总结动作要领。

（3）分组进行单脚跳练习。

师：小朋友，你们一起来试试单脚跳吧！

将彩色呼啦圈放在场地上，教师播放音乐组织幼儿进行单脚跳圈活动。先朝不同方向进行跳进跳出的跳圈练习，然后组织幼儿进行单脚向前连续跳圈练习，引导幼儿进一步掌握基本动作。

教师鼓励幼儿坚持挑战，不要放弃，遵守游戏规则，保持单脚跳的动作，关注个体并给予及时的肯定和引导。

3. 体育游戏"大闯关"

（1）创设情境，讲解游戏规则。

师：小朋友们，蝴蝶公园的闯关游戏开始咯！你们准备好了吗？

师：首先，我们要单脚跳过彩色泡泡（彩色呼啦圈），走过独木桥（平衡木），再钻过山洞（彩色拱门），最后跑过草坪（跑道）。

玩法：幼儿单脚跳过彩色泡泡（彩色呼啦圈）—走过独木桥（平衡木）—钻过山洞（彩色拱门）—跑过草坪（跑道），到达终点。

（2）播放音乐，组织游戏。

教师将幼儿分为四组，引导幼儿遵守游戏规则，一个跟着一个参与游戏。注意安全，重点引导幼儿单脚连续跳过呼啦圈。

师：小朋友们，蝴蝶公园的闯关游戏开始咯！

在活动中对单脚连续跳做重点指导，对于能力稍弱的幼儿，可鼓励其多次训练。

（3）蝴蝶公园闯关大比拼。

教师将幼儿分成四组，按规定路线进行迎面接力赛，起点第一名幼儿手拿红旗做好准备，听到口哨声后单脚跳过彩色泡泡（彩色呼啦圈），走过独木桥（平衡木），再钻过山洞（彩色拱门），跑过草坪（跑道）后来到终点，将红旗传给对面幼儿，与对面幼儿进行接力。游戏依次进行，最先完成的小组获胜。

引导幼儿注意安全，体验游戏成功的快乐。

4. 放松整理

（1）教师小结。

师：我们今天学会了一个新本领——单脚跳，恭喜小朋友闯关成功啦！看到你们不怕苦、不怕累、勇于挑战自己，老师为你们点赞！

（2）播放轻松音乐，教师和幼儿一起做放松运动。

师：现在我们拍一拍胳膊、揉一揉小腿，放松一下吧！

（四）活动延伸

1. 区域延伸

将器械投放至运动区，鼓励幼儿自主参与活动。

2. 家园延伸

家长带领幼儿进行单脚跳游戏，进一步巩固单脚跳的动作技能。

潜江市机关幼儿园

吴荣

活动三

互帮互助的小蝴蝶

（重点领域：社会）

（一）活动目标

（1）喜欢和小朋友一起游戏，体验互相帮助挑战困难的成功愉悦感。

（2）能共同完成挑战任务。

（3）懂得遇到困难要一起想办法，不离不弃、互相帮助才是好朋友。

（二）活动准备

（1）知识经验准备：认识蝴蝶。

（2）物质材料准备：故事《三只蝴蝶》、红黄白蝴蝶头饰若干（各占幼儿人数1/3）、宽布条若干、音乐。

（三）活动过程

1. 谈话导入

师：小朋友们，春天来了，有三只美丽的蝴蝶在花园里开心地游戏，让我们一起去看看吧！

2. 播放《三只蝴蝶》图片

（1）听一听故事。

提问1：暴雨来临时，三只蝴蝶有什么办法避雨？

提问2：红蝴蝶有没有躲到红花姐姐下面？为什么？

提问3：黄蝴蝶、白蝴蝶又是怎么做的？

（2）学一学对话。

教师和两名幼儿分别扮演红、黄、白花姐姐，其他幼儿扮演红、黄、白蝴蝶，学习对话，重点模仿以下语句："我们三个好朋友，相亲相爱不分手，要来一起来，要走一起走。"

（3）说一说自己。

师：小朋友，你们是这样做的吗？

分别请几个幼儿说说自己的好朋友是谁？都遇到过什么困难？是怎么面对困难的？

小结：有一起游戏的小伙伴真开心，遇到困难时，能够不离不弃、互相帮助才是真正的好朋友。

3. 游戏"三只蝴蝶来闯关"

（1）自主选择头饰找好朋友。

师：老师为你们准备了红、黄、白蝴蝶头饰，请小朋友每人选择一个颜色的头饰，按照红、黄、白三种颜色找到好朋友。请大家随着音乐，和自己的好朋友一起飞起来吧！

（2）开始游戏："三只蝴蝶来闯关"。

介绍游戏玩法：森林运动会开始了，三只蝴蝶报名参加"蜈蚣走"闯关游戏，怎么玩呢？三只蝴蝶站成横排，用布条将蝴蝶与蝴蝶之间的腿系住，从起点快步走向终点，不摔倒就是闯关成功，闯关成功的三只蝴蝶将获得"好朋友"贴花。

（3）分享交流。

师：今天，三只蝴蝶在运动会上闯关了，好多三只蝴蝶都获得了"好朋友"贴花，让我们鼓掌祝贺他们吧！请闯关成功的三只蝴蝶和大家说说你们是怎么做到的？接下来，老师想请闯关失败的三只蝴蝶说说，心情如何？问题出在哪儿？他们虽然闯关没有成功，但是找到了问题，也知道怎么努力，让我们把鼓励的掌声送给他们吧！

小结：看来，三只蝴蝶要想闯关成功，就必须齐心协力、团结互助，找到一起行动的好办法，才能最终获得成功。孩子们，玩游戏是这样，生活中不也是这样吗？如果遇到问题不是积极想办法，而是你嫌弃我，我讨厌你，又如何成为好朋友呢？

4. 活动结束

师：请三只蝴蝶站在一起，随着音乐快乐飞舞，共同祝贺我们今天和别人成为好朋友。

（四）活动延伸

1. 区域延伸

将材料投放到表演区进行《三只蝴蝶》的情景表演活动。

2. 家园延伸

家长和幼儿一起玩三只蝴蝶闯关游戏，以增进亲子感情。

潜江市机关幼儿园

张安芳

活动四

毛毛虫变蝴蝶

（重点领域：科学）

（一）活动目标

（1）喜欢探究，体验发现的乐趣。

（2）能够观察蝴蝶的相同与不同之处，与同伴分享自己的发现并做出标记。

（3）了解蝴蝶特点，知道毛毛虫的变化过程。

（二）活动准备

（1）知识经验准备：带领幼儿观察花园里的蝴蝶。

（2）物质材料准备：毛毛虫—茧—破茧—成蝶图，彩笔、蝴蝶图片、毛毛虫拼图、茧拼图、蝴蝶破茧拼图、蝴蝶拼图。

（三）活动过程

1. 猜谜导入，激发兴趣

师：今天，老师带来一个谜语，仔细听听——有位花姑娘，一对花翅膀，落在花丛里，飞来飞去忙。小朋友们猜一猜它是谁呢？

谜底：蝴蝶。

2. 认识蝴蝶

（1）了解蝴蝶的外形特征。

师：小朋友们见过蝴蝶吗？你看到的蝴蝶是什子样的？

师：大自然中有各种各样漂亮的蝴蝶，我们一起来看一看吧！

教师出示各种蝴蝶的图片，幼儿观察欣赏。

师：这些漂亮的蝴蝶呀，有一些相同的地方，还有一些不同的地方。接下来，老师要请小朋友们来做小小科学家，请你仔细观察并与同伴讨论，把蝴蝶相同的部位用蓝笔圈出来，不同的部位用红笔圈出来。

为每组幼儿提供两张蝴蝶图片以及红、蓝彩笔，引导幼儿观察、讨论并做标记。

师：老师发现小朋友们都非常认真地观察、做标记，有谁愿意和大家分享一下你和同伴的发现呢？

小结：小朋友们观察得真仔细。原来，蝴蝶的身体组成是相同的，都有一对触角，有头、胸部和腹部，都有一对翅膀。但是它们翅膀的颜色和花纹是不一样的。

（2）了解蝴蝶的生长过程。

师：你觉得蝴蝶美吗？可是，小蝴蝶却悄悄告诉我，它小时候和现在一点都不像，不信你们看。（出示毛毛虫图片）

毛毛虫到底是怎样变成蝴蝶的，毛毛虫变成蝴蝶都经历了些什么，小朋友们想知道吗？我们一起来听故事《毛毛虫变蝴蝶》，从故事中寻找毛毛虫变蝴蝶的秘密吧！

教师讲故事，并在毛毛虫变化的关键节点出示相应的图片：

毛毛虫—茧—破茧—成蝶图

师：蝴蝶小时候是什么？毛毛虫是怎么变成蝴蝶的？

幼儿举手回答。

小结：毛毛虫变蝴蝶的过程，先是一条长长的毛毛虫，后来慢慢结茧，再后来破茧变成了一只漂亮的蝴蝶。

3. 游戏巩固

（1）拼图游戏。

师：我们对蝴蝶已经有了一定的了解，现在我们来玩一个关于蝴蝶的拼图，看看哪一组的小朋友是拼图小能手。

游戏规则：幼儿分成两队，每队四幅拼图（毛毛虫变成蝴蝶的四次生长变化图），再将两队分成四组，每组合作完成拼图，并按照毛毛虫变蝴蝶的先后顺序摆放，哪队先正确完成拼图则获胜。

（2）幼儿分享游戏方法。

师：有没有小朋友愿意分享一下，你是怎么做到拼得又快又正确的？

小结：每组小朋友都拼出相应的图片，再根据我们对毛毛虫变蝴蝶的了解，按照顺序摆放起来，这样就能用很快的速度拼出来了。小朋友们能完成拼图，说明小朋友们对蝴蝶很熟悉，并且能够合作完成任务，你们真是越来越能干了。

4. 寻找生活中的蝴蝶

师：小朋友们，周末和爸爸妈妈一起到大自然中去找一找蝴蝶，下次把你的小发现和有趣的事与同伴一起分享吧！

（四）活动延伸

1. 区域延伸

在科学区投放蝴蝶标本和放大镜，引导幼儿观察蝴蝶的外形特征。

2. 家园延伸

家长和幼儿在家里普及有关毛毛虫变蝴蝶的相关知识，知晓蝴蝶的种类，并区分益虫和害虫等。

潜江市机关幼儿园

杨小娅

活 动 五

蝴蝶飞飞

（重点领域：艺术）

（一）活动目标

（1）感受蝴蝶花纹的色彩美和对称美，体验创作的快乐。

（2）能展开丰富的想象利用辅助材料装饰蝴蝶。

（3）能用对折的方法剪蝴蝶。

（二）活动准备

（1）知识经验准备：认识蝴蝶。

（2）物质材料准备：PPT课件，歌曲《蝴蝶蝴蝶真美丽》，剪刀、白纸、各种装饰材料、记号笔、双面胶，一幅有绿草地各种鲜花开放的大花园场景背景图。

（三）活动过程

1. 谈话交流，引出活动

师：小朋友们，春天来了，蝴蝶也出来翩翩起舞。今天，老师邀请一群美丽的蝴蝶到我们这里做客，请小朋友们热烈鼓掌，欢迎它们的到来。

2. 学习剪蝴蝶

（1）播放蝴蝶课件，观察、发现对称美。

师：美丽的蝴蝶告诉我，它们的身上有一个神奇的小秘密，让我们一起仔细观察，看看这个小秘密到底是什么呢？

教师小结：蝴蝶不仅左右翅膀的大小、形状是一样的，翅膀上的颜色、图案也是一样的，这就叫对称。我们的生活中也有很多对称的图案，都和蝴蝶一样美丽，这样的美就叫"对称美"。

（2）教师演示蝴蝶的折剪方法。

师：出示场景图"大花园"。森林里要举行舞会了，但蝴蝶很少，它们想请我们班上的小朋友设计一些漂亮的小蝴蝶来参加舞会。你们愿意吗？瞧！老师这儿有一只美丽的蝴蝶，你们知道是怎么设计出来的吗？

① 对折——将正方形的纸对折，折出一个长方形。

② 画蝴蝶——对折线把这张纸分成对称的两半，在这半张纸上画一半的蝴蝶轮廓线，一个大半圆、一个小半圆，必须从对折线开始向外画，画好半只蝴蝶的轮廓线，沿轮廓线剪下来。

③ 展开剪好的蝴蝶，运用提供的扭扭棒做蝴蝶的触角。各种材料应用对称的方法装饰蝴蝶身上的花纹。

3. 动手操作

（1）教师讲解并提出折、剪、贴要求。

提醒幼儿先用对称的方法折、剪蝴蝶，剪下的废纸放到小篓里。将剪好的蝴蝶装饰漂亮的花纹，可以选择自己喜欢的颜色涂色，最后将做好的蝴蝶用双面胶粘到美丽的花园里。

（2）幼儿自由创作，教师巡回指导。

观察幼儿是否会对称画一半的蝴蝶轮廓线，是否能合理地装饰蝴蝶的花纹。鼓励幼儿大胆想象装饰蝴蝶。

（3）展示作品，交流分享。

幼儿从蝴蝶的外形和色彩搭配方面介绍自己的作品，从色彩搭配上评价同伴的作品。

师：哇！孩子们设计的蝴蝶可真漂亮呀！你最喜欢哪一只蝴蝶呢？为什么喜欢？

4. 结束活动

教师带领幼儿在歌曲《蝴蝶蝴蝶真美丽》的音乐中学蝴蝶的样子飞出活

动室。

师：蝴蝶实在是太美丽了，它们都忙着帮我们采花蜜，我们应该好好地爱护它们，我们要保护好周围的环境，让它们在美丽的花丛中快乐地飞舞。我们一起学着小蝴蝶飞到外面去寻找、看看美丽的花朵吧！

（四）活动延伸

1.区域延伸

将工具再次投放到美工区，巩固幼儿的动手操作能力；再将幼儿做好的成品投放到表演区进行蝴蝶飞飞的情景表演活动。

2.家园延伸

家长可和幼儿一起制作花蝴蝶，锻炼幼儿动手能力，与幼儿一起了解蝴蝶的种类和习性。

潜江市机关幼儿园

吴成艳

活动六

童话剧《三只蝴蝶》

第一幕：下雨了

（背景音乐）

旁白：花园里，有三只美丽的蝴蝶，一只蝴蝶是红色的，一只蝴蝶是黄色的，一只蝴蝶是白色的，它们天天在花园里一块儿游戏，非常快乐。

（背景音乐）

旁白：一天，它们正在草地上捉迷藏。突然电闪雷鸣下起了大雨，雨点好大好大。它们一起飞到红花那里，向红花请求避雨。

第二幕：避雨

（背景音乐）

众蝴蝶：红花姐姐，红花姐姐，大雨把我们的翅膀淋湿了，大雨把我们淋得发冷了，让我们到你的叶子下面避避雨吧！

红花：红蝴蝶的颜色像我，请进来；黄蝴蝶、白蝴蝶，快飞开！

三只蝴蝶（互相看了看）：我们三个是好朋友，不能分开，我们一块走吧！

（背景音乐）

旁白：雨下得更大了，三只蝴蝶一起飞到黄花那里。

众蝴蝶：黄花姐姐，黄花姐姐，大雨把我们的翅膀淋湿了，大雨把我们淋得发冷了，让我们到你的叶子下避避雨吧！

黄花姐姐：黄蝴蝶的颜色像我，请进来；红蝴蝶、白蝴蝶，快飞开！

三只蝴蝶（手拉手）：我们三个是好朋友，不能分开，我们一块走吧！

（背景音乐）

旁白：三只蝴蝶又一起飞到白花那里，向白花请求。

众蝴蝶：白花姐姐，白花姐姐，大雨把我们的翅膀淋湿了，大雨把我们淋得发冷了，让我们到你的叶子下避避雨吧！

白花姐姐：白蝴蝶的颜色像我，请进来；红蝴蝶、黄蝴蝶，快飞开。

三只蝴蝶（摇摇头）：我们三个是好朋友，不能分开，我们一块走吧！

第三幕：天晴了

（背景音乐）

旁白：三只蝴蝶在大雨里飞来飞去，找不着避雨的地方，真着急呀！可是它们谁也不愿意离开自己的朋友。

（背景音乐）

旁白：这时候，太阳公公从云缝里看见了，连忙把空中的黑云赶走，叫雨别再下了，太阳公公发出热的光，把三只蝴蝶的翅膀晒干了。

（背景音乐）

三只蝴蝶一块儿在花园里愉快地跳舞、做游戏。

潜江市机关幼儿园

许晴

绘本《小·猫钓鱼》主题活动

◎ 主题活动背景

　　《小猫钓鱼》是幼儿喜欢的小动物的故事，故事主题突出，形象生动，讲述的是猫妈妈带着小花猫去钓鱼，可小花猫一会儿捉蜻蜓，一会儿追蝴蝶，结果一条鱼都没钓到。后来，小花猫听了猫妈妈的话，一心一意地钓鱼，真的钓了一条大鱼。此故事内容浅显，易于幼儿理解。生活中，幼儿比较容易受外界干扰而转移注意力，《小猫钓鱼》的故事可以让幼儿从小猫的经历中看到自己的影子，懂得做事要一心一意的道理。

　　幼儿的健康成长需要有品德、有知识、有责任。能够不受外界的干扰、专心地做事是敬业的一种表现，是培育幼儿社会主义核心价值观的重要内容。4～5岁幼儿能运用恰当的语言、动作、绘画等形式表现自己对儿童文学作品的理解。幼儿对绘本的欣赏和理解是能动地再创造的过程，是与绘本进行心灵对话的过程。幼儿喜欢"假装游戏"，喜欢装扮、喜欢音乐、喜欢表现，这些在主题活动中都能一一实现，让幼儿的天性得到了释放。著名教育家陈鹤琴说："孩子是生来好动的，是以游戏为生命的。"结合中班幼儿年龄特点，围绕绘本《小猫钓鱼》开展主题教育活动，整合五大领域和区域游戏活动，让幼儿在了解故事情节的基础上，获得情感、能力、认知等方面的和谐发展。

◎ 主题活动目标

（1）喜欢参与游戏活动，养成一心一意做事的好习惯，发展适应社会的能力。

（2）细致地观察画面，能够较连贯地讲述对故事的理解，大胆模仿主要角色外形特征和情绪变化。

（3）理解绘本故事内容，知道要专心做事情，不要三心二意。

◎ 主题环境创设

1. 主题墙

以"小猫钓鱼"为主题，设计四个板块。

板块一："动物大世界"。张贴有关动物的本领、动物之家、动物之最、我最喜欢的动物等相关图片，帮助幼儿丰富对动物的认识。

板块二："神奇的磁铁"。悬挂小磁铁及相关图片，帮助幼儿了解磁铁能吸铁的现象。

板块三："小鱼游游游"。提供各种各样鱼的图片以及鱼的身体结构图，投放幼儿用不同图形拼贴鱼的作品，引导幼儿感知鱼的不同种类。

板块四："喵星密语"。呈现幼儿和同伴在表演游戏中装扮、表演、合作等照片。

2. 区域创设

区域名称	活动材料
阅读区	1.提供图书绘本，供幼儿阅读，进一步加深对故事内容的理解 2.提供半成品，引导幼儿自制绘本并尝试表演 3.操作卡片《小猫钓鱼》
科学区	1.提供磁铁钓鱼竿和小鱼、花布、塑料瓶盖、白纸、铁垫圈等，引导幼儿进行分类、探索，制作记录表统计实验结果 2.投放鱼缸、鱼、水等，供幼儿养鱼并记录鱼的各种事项以及鱼的状态

续 表

区域名称	活动材料
美工区	1.提供双面胶、剪刀、无纺布等，供幼儿尝试制作服装、头饰 2.提供油画棒、彩纸等，供幼儿制作湖面、小花、小草、蝴蝶等道具 3.提供蓝色卡纸和不同的线或绳子（毛线、鱼线、包装绳等），让幼儿自由制作活动背景，将这些材料摆放成曲线、螺旋线、抛物线等不同线条来装饰背景
建构区	提供磁片拼接玩具、雪花片、积木，幼儿动手搭建水池、道路等
表演区	1.张贴故事剧本、布置场景，创设表演情境 2.提供配乐故事及相关头饰、服装，供幼儿装扮表演
益智区	1.提供插鱼鳞的拼插玩具 2.投放热带鱼操作卡，供幼儿拼一拼，开展我来找小鱼、小猫钓鱼等游戏

◎ 家园共育

1. 慧读共演

家长参加《小猫钓鱼》童话剧表演活动，增进亲子关系，在幼儿心中树立认同感。

2. 休闲时光

喂养小鱼，观察小鱼的外形特征和生活习性；带幼儿去动物园参观，和幼儿观看《动物世界》《人与自然》等专题片，了解动物的秘密。

3. 益智游戏

家长和幼儿依次出示扑克牌开展"钓鱼"游戏，出牌过程中，若一方出的牌和前面任意一张相同，则将这两张牌以及两张牌中间的所有牌收起来。

4. 亲子手工

用黏土、绘画形式表现我的小鱼最漂亮。

◎ 活动资源

小猫钓鱼

在树林旁边，有一条小河，河里有许多鱼在游来游去。一天早上，猫妈妈带着小猫到小河边去钓鱼。它们刚刚坐下，一只蜻蜓飞来了，蜻蜓真好玩，飞来飞去像架小飞机。小猫看了真喜欢，放下钓竿，就去捉蜻蜓。蜻蜓飞走了，小猫没捉着，空着手回到河边，一看，猫妈妈钓到了一条大鱼。

小猫又坐到河边钓鱼，一只蝴蝶飞来了，蝴蝶真美丽。小猫看了真喜欢，放下钓竿，又去捉蝴蝶。蝴蝶飞走了，小猫又没捉着，空着手回到河边，一看，猫妈妈又钓了一条大鱼。小猫说："真气人，我怎么连一条小鱼都钓不着？"

猫妈妈看了看小猫，说："钓鱼就要一心一意，不要三心二意。你一会儿捉蜻蜓，一会儿捉蝴蝶，怎么能钓着鱼呢？"小猫听了妈妈的话很难为情，开始一心一意地钓鱼了。

蜻蜓又飞来了，蝴蝶也飞来了，小猫就像没看见一样，一步也没走开。不一会儿，嗨！钓竿上的线往下沉，钓竿也动起来啦！小猫使劲把钓竿往上提，"哎哟！"一条大鱼钓上来啦！鱼摔在地上，噼噼啪啪地活蹦乱跳，小猫赶紧捉住大鱼，高兴地喊了起来："我钓到大鱼啦！我钓到大鱼啦！"后来，猫妈妈和小猫一起拎着钓到的鱼，高高兴兴地回家了。

◎ 主题教学活动

活 动 一

小猫钓鱼

（重点领域：语言）

（一）活动目标

（1）喜欢并安静听故事，感受故事前后小猫的转变。

（2）能根据故事内容自主选择角色进行表演。

（3）理解故事内容，懂得做事要一心一意。

（二）活动准备

（1）知识经验准备：自主阅读故事《小猫钓鱼》。

（2）物质材料准备：动画课件、故事CD、动物头饰若干（猫妈妈、小猫、蜻蜓、蝴蝶、小鱼）、钓竿若干、表演区场地布置。

（三）活动过程

1. 谈话导入

"太阳当空照，花儿对我笑，小鸟说早早早，你为什么背上小书包……"（幼儿听音乐表演进场围坐成半圆形）

师：小朋友们，早上好！今天的天气真好呀！有一位妈妈想带着自己的孩子去郊外，你们猜猜是谁呢？它们在干什么？我们一起安静地听故事吧！

2. 理解故事内容

（1）分段播放PPT。

①播放PPT第1～2页。

师：这是什么地方？故事里有谁？它们准备去干什么？

②播放PPT第3～4页。

师：小猫钓鱼时谁来了？小猫干了些什么？猫妈妈又在干什么？猫妈妈和小猫钓到鱼没有？

③播放PPT第5～6页。

师：这一次小猫钓到鱼没有？为什么呀？那我们钓鱼应该怎么做？

④播放课PPT第7～9页。

师：猫妈妈对小猫说了些什么？这一次，小猫是怎么钓鱼的？

小结：只有专心，才能做好一件事情，学会一种本领。

（2）完整欣赏动画，交流互动。

师：我们小朋友都有哪些本领？我们是怎样学会这些本领的？

小结：做事情要认真、专心，只有一心一意学习，才能学到真本领。

3. 故事表演《小猫钓鱼》

（1）幼儿进入表演区，佩戴头饰扮演自己喜欢的角色——"猫妈妈""小猫""蜻蜓""蝴蝶""小鱼"，老师复述故事，幼儿模仿角色的动作和语言，着重表现角色对话。

（2）播放故事，幼儿分组体验不同角色的动作、对话以及情绪变化，完整演绎故事内容，认真、专心地学习本领，感受小猫钓到大鱼后成功的快乐。

4. 活动结束

师：这个故事让我们懂得了一个什么道理？

小结：做事情要一心一意，不要三心二意，专心致志才能把事情做好。

（四）活动延伸

1. 区域延伸

在表演区提供头饰，引导幼儿继续进行故事表演。在语言区可以提供绘本，让幼儿自由阅读并讲述故事。

2. 家园延伸

家长引导幼儿利用家中废旧材料，和孩子一起动手制作钓竿、水桶等道具，亲子进行故事表演活动。

潜江市机关幼儿园

陈蕾

活动二

运小鱼

（重点领域：健康）

（一）活动目标

（1）喜欢与同伴一起参与体能游戏，体验跨跳的乐趣。

（2）能够跨跳过一定高度的物体。

（3）学习跨跳的动作要领。

（二）活动准备

（1）知识经验准备：玩过钓鱼游戏，会用儿童磁铁玩具钓竿"钓鱼"。

（2）物质材料准备：音乐、小跨栏若干、磁力钓竿4根、磁力鱼若干。

（三）活动过程

1. 集体热身

幼儿随音乐做热身操，头部、肩部、上肢、转体、腿部、整理动作。

2. 学习跨跳动作

（1）讲解动作要领。

师：起跳时先脚跟后脚掌迅速蹬伸；过栏后脚跟先着地，弯曲膝盖。

（2）幼儿练习跨跳动作。

（3）巩固练习。幼儿练习跨跳动作，教师指导幼儿交流分享经验。

3. 游戏"运小鱼"

（1）创设情境，讲解游戏规则。

师：猫妈妈想请小朋友帮忙去鱼池里钓鱼，运回来给客人吃。小朋友们运送鱼的时候一定要小心，别摔跤也别弄丢了鱼哦！

游戏规则：幼儿抱着小筐向前跑，跨跳跳过小木桩，跑到池塘边钓起小鱼，将钓起的小鱼放进小筐里运回起点篓子里。

场地布置图示：

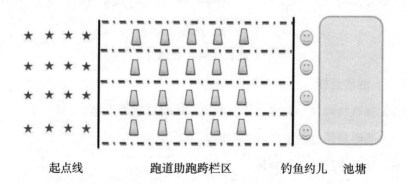

起点线　　　　　跑道助跑跨栏区　　　　钓鱼约儿　池塘

（2）幼儿体验游戏。

师：现在我们来分成四组，比一比看哪组运回来的小鱼最多。第一个幼儿拿筐从起点处出发，跨跳小树桩，跑到池塘边钓起小鱼，将钓起的小鱼放进小筐里运回起点篓子里，小筐交给下一个幼儿进行接力。依次进行，最先完成比赛的一组获胜。

（3）评价鼓励。

师：我们四个小组都非常顺利地完成了比赛，特别表扬跨跳动作掌握好的小朋友，太厉害啦！猫妈妈一定都等着急了，让我们一起将鱼送到猫妈妈家去吧！

4. 整理放松

师：现在让我们放下紧张的比赛心情，跟着老师一起放松一下身体吧！

（四）活动延伸

1. 区域延伸

将材料投放到体育区，幼儿自主进行跨跳游戏。

2. 家园延伸

家长利用废旧材料自制运动器械，和幼儿做跨跳体育游戏。

潜江市机关幼儿园

郭俊夫

活动三

专心做事的好宝宝

（重点领域：社会）

（一）活动目标

（1）积极参与活动，体验专心做事的快乐。

（2）能够专心完成一件事，提高自控力。

（3）了解"专心"的含义，知道做事情要专心，不能三心二意。

（二）活动准备

（1）知识经验准备：幼儿有在日常生活中认真做事、专心做事的相关体验。

（2）物质材料准备：场景布置"大池塘"（用绿色即时贴在地面上粘贴出池塘、水草等）；自制钓竿、纸制小鱼若干；小水桶4个（红色、黄色、蓝色、绿色）；《小猫钓鱼》课件PPT、音乐；专心做事的好宝宝图片3张，三心二意做事的宝宝图片1张；某运动员专心刻苦训练跳水的小视频。

（三）活动过程

1. 出示《小猫钓鱼》课件PPT，引出主题

师：爱吃鱼的小花猫要来我们教室做客啦！可是到现在都还没看见它，我们一起去池塘边找一找吧！

2. 初步体验专心做事的重要性

（1）看一看，观察画面，讨论专心的重要性。

师：小猫钓鱼的时候看见了什么？为什么小猫开始没有钓到鱼呢？后来猫妈妈对小猫说了什么？小猫最后钓到鱼了吗？

教师小结：小猫钓鱼的时候看见蜻蜓和蝴蝶就跑走了，所以没有钓到鱼。猫妈妈告诉小猫，钓鱼要一心一意，不要三心二意。小猫听了妈妈的话，开始一心一意钓鱼，最后终于钓到了一条大鱼，收获满满，有了成功的体验。

（2）玩一玩，模拟情景游戏"钓鱼"，体验专心做事的重要性。

① 幼儿分组学习钓鱼。

师：哇，小猫终于钓到一条鱼啦！我们知道小猫最爱吃鱼了，它想请小朋友和它一起去钓鱼，你们愿意吗？

教师引导幼儿分成四组，每组领一个小水桶装鱼。游戏开始后，幼儿四散地围在池塘边钓鱼，教师在一旁指导。活动中，教师注意观察，对钓到鱼的幼儿给予鼓励，对钓不到鱼的幼儿给予适当帮助，提醒幼儿做事情要专心、有耐心。

② 师幼讨论。

师：哪一个桶里的小鱼多？哪一个桶里的小鱼少？钓鱼的时候，你们是怎么做的？

小结：红桶里的小鱼最多，因为他们组每个小朋友都在认真、专心地钓鱼；蓝桶里的小鱼最少，因为钓鱼的时候他们组有几个小朋友跑去玩了。钓鱼的时候要专心，才能钓到更多的鱼。通过这件事，我们知道了一个道理，做事的时候要专心，专心才能把事情做得更好。

3. 找一找，谁是专心的好宝宝

（1）教师出示图片，幼儿分组讨论找出"专心的好宝宝"。

图一：兰兰认真看书。

图二：佳佳专心搭建积木房子。

图三：华华一边吃零食，一边画画。

图四：贝贝跟着音乐认真舞蹈。

（四张图片略）

师：看完图片，你们发现了什么？图片中谁是专心的好宝宝？

你们应该向谁学习？

（2）教师小结：我们应该像兰兰、佳佳和贝贝学习，做事情的时候，眼睛注意看，耳朵注意听，脑子跟着想，认认真真把事情做好。而华华边吃东西边画画是不对的。

4. 说一说，生活中专心做事的事情

（1）你见过谁在专心做事？你和你的家人专心做过哪些事情？

师：小朋友们说一说，你看到你的爸爸、妈妈、爷爷、奶奶平时都是怎么专心做事的？你还看到其他人是怎么专心做事的？

小结：在家里，我看到：爸爸专心看报，妈妈专心弹琴，哥哥专心下棋，我专心画画。在外面，我看到：医生专心看病，环卫工人专心扫地，厨师专心做菜。无论做什么事，只有专心、专注，才能成功。

（2）观看某运动员平时专心刻苦训练跳水的小视频。

师：在今年的世界杯跳水比赛中，某运动员又拿了世界冠军。你们想看看其平时都是怎么专心刻苦训练才取得成功的吗？（教师播放小视频）

教师小结：专心让我们开心，专心让我们成功，我们要做个专心的好宝宝，长大成为像他们一样有本领的人，为国争光。

（四）活动延伸

1. 区域延伸

投放拼图、串珠子、穿绳、拧瓶盖、木工小材料等，鼓励幼儿自主游戏，培养幼儿专心、耐心做事。

2. 家园延伸

家长和幼儿玩走迷宫、下跳棋、组装玩具的拼图，培养幼儿的专注力。

潜江市机关幼儿园

姚敏

活动四

不一样的鱼

（重点领域：科学）

（一）活动目标

（1）对磁现象感兴趣，喜欢参与探究活动。

（2）能在实际操作中发现磁铁的特性。

（3）初步了解磁铁的特性。

（二）活动准备

（1）知识经验准备：幼儿玩过磁性玩具。

（2）物质材料准备：PPT、小铁粒、小鱼若干、钓竿若干、水、塑料盘、纸、木板、花布、铁夹、水彩笔、塑料瓶盖、大头针、铁垫圈、牙刷、别针等。

（三）活动过程

1. 发现磁铁秘密

（1）出示图片。

师：小猫用什么将小鱼钓起来的呢？

（2）出示磁铁。

师：今天，老师带来了不一样的小鱼，看看有什么不一样？

2. 了解磁铁特性

（1）体验。

师：老师为你们准备了很多钓竿，我们一起来钓鱼好吗？

讨论：为什么有的小鱼被钓了起来，有的小鱼没被钓起来？这些被钓起来的小鱼和生活中的小鱼有什么不同？

小结：鱼线上有小磁珠，池塘里的小鱼有磁铁就能钓上来。磁铁具有磁性，可以吸住铁质的物品。

（2）猜想。

师：磁铁能吸住有铁的物体。那它还能吸住什么东西呢？现在桌上有一些材料，你们猜一猜哪些东西可以吸起来？小朋友们将你们的猜想记录在记录表的第一排。

（3）验证。

老师：刚刚小朋友们都将自己的猜想在表格里记录了下来，接下来请小朋友们拿着磁铁试一试，桌上哪些东西能被吸起来呢？将实验操作的结果记录在记录表的第二排，看看和你刚刚猜想的结果是不是一样的？

① 幼儿动手实践操作，并做好实验记录。在实验过程中，教师巡回了解幼儿的实验过程，鼓励幼儿大胆动手实验，及时肯定幼儿的探索发现。

② 各组幼儿互相交流实验结果，说说哪些东西能被钓上来，哪些东西不能被钓上来。

师：谁愿意来说一说你的小发现？

小结：磁铁的本领真大，磁铁有磁性，能吸住含有铁的物品。铁垫圈、铁夹、别针、小铁粒、大头针含有铁就被磁铁吸住了。

3. 探索磁铁绘画

师：我们今天用磁铁来创作一幅磁铁画。

（1）幼儿将小螺丝帽蘸上不同颜色的颜料，用磁铁隔着纸张挪动。

（2）幼儿展示磁铁画作品。

4. 了解磁铁在生活中的妙用

（1）说一说生活中的磁铁。

师：你们在生活中的哪里见过磁铁呢？生活中有很多地方会用到磁铁，正因为有了这种神奇的物质，我们的生活也更方便了。

（2）了解生活中磁铁的有用和有趣。

图一：磁悬浮列车。在车体底部及两侧倒转向上的顶部安装磁铁，通过电磁力实现列车与轨道之间无接触地悬浮和导向。

图二：门吸。门吸上安装了磁铁，避免风吹关上门。

图三：磁性黑板。黑板内部衬以磁条，或在表面附着磁性颗粒。

（三张图片略）

（四）活动延伸

1. 区域延伸

将磁铁和其他材料投放至科学区，供幼儿继续探索。

2. 家园延伸

家长引导幼儿寻找生活中更多磁铁的妙用。

潜江市机关幼儿园

周敏

活动五

小猫舞会

（重点领域：艺术）

（一）活动目标

（1）喜欢折纸活动，感受折纸的乐趣。

（2）能够用折、压、翻等技能折出小猫，并能运用画的方式制作头饰。

（3）了解小猫的外形特征，初步掌握折纸的基本技巧。

（二）活动准备

（1）知识经验准备：幼儿了解过猫咪的行为特征。

（2）物质材料准备：

教具：《小猫舞会》PPT、小猫视频、小猫面部特征图片、教师示范折纸视频、折纸步骤图、邀请函卡片一张、大折纸猫头饰一个、音乐。

学具：彩色正方形折纸、画笔、彩笔、油画棒、双面胶若干、头饰半成品白色（头绳）。

（三）活动过程

1. 情景导入

（1）播放音乐，出示森林图片。

师：今天森林里天气真好呀！听，是什么声音？发生了什么？原来是三只小猫在跳舞，我们和它们一起跳舞吧！

（2）舞会邀请。

师：小猫的舞蹈真有趣，小猫很喜欢和小朋友一起跳舞，小猫给你们送来一封邀请函，邀请小朋友们参加小猫舞会，你们愿意吗？参加舞会要戴上小猫头饰才可以进入会场哟！我们一起来制作小猫头饰吧！

2. 初步学习折纸技法

（1）播放小猫视频图片，了解小猫的外形特征。

师：生活中的小猫是什么样子的？谁来说一说？生活中的小猫真可爱，今天老师带来了视频和图片，我们仔细观察小猫长什么样子？小猫的面部有哪些特征？

小结：小猫有一张圆圆的脸，圆圆、大大的眼睛，三角形的鼻子，三瓣嘴，头上还有像三角形一样的尖尖的耳朵，嘴巴上还有几根胡须。

（2）播放视频，初步感知折纸。

师：我们一起学习用正方形的纸折猫头吧！

（3）出示步骤图，仔细讲解折纸步骤。

步骤一：将正方形纸两个角对折，折成三角形（两个"角宝宝"变成好朋友手拉手）。

步骤二：将大三角形的两边向内对折，打开中间出现一条线，将两个大角向内折，保持好距离，不远不近，一定要对齐。

步骤三：两边折好后顶部往下压翻一翻。

3. 练习折纸

（1）介绍操作材料。

师：这里有彩色正方形折纸、画笔、彩笔、油画棒、双面胶若干，头饰半成品白色（头绳）。

（2）幼儿操作，教师适时指导。

师：看图片，把小角折一折。折的时候，小手一定要压一压、刮一刮，弄出痕迹。小朋友折好小猫后，我们可以拿起画笔给小猫画上好看的表情和小装饰，涂上你喜欢的颜色。可以开心，也可以眨眼睛；可以戴蝴蝶结，也可以戴领结，快来装饰你可爱的小猫吧！

（3）评价小结。

4. 小猫舞会

师：我们一起随着音乐和小猫跳舞吧！

（四）活动延伸

1. 区域延伸

美工区投放各种彩纸，幼儿尝试折纸活动并进行添画。

2. 家园延伸

家长和幼儿玩折纸游戏。

潜江市机关幼儿园

李家禾

活动六

童话剧《小猫钓鱼》

第一幕：小猫出门去钓鱼

（背景音乐）

旁白：在树林旁边，有一条小河，河水哗啦哗啦地流，河里有很多的鱼在游来游去。树林里有一间小木屋，里面住着猫妈妈和小猫咪咪。一天早上，天气很晴朗，猫妈妈叫醒了小猫。

猫妈妈：咪咪，快起来，今天妈妈带你去钓鱼。

小猫：太好了，太好了，妈妈要带我去钓鱼喽！

第二幕：三心二意的小猫

（背景音乐）

旁白：猫妈妈和咪咪带着钓竿与小水桶，向河边走去。

（音乐起）听小猫咪咪正高兴地唱着歌。

小猫（唱）：东边的太阳微微笑，树上的小鸟吱吱叫，我和妈妈去钓鱼，快乐的一天开始了。

小猫：妈妈，我们就在这里钓鱼吧！

猫妈妈：你要钓鱼，就一定要认真学习，等一下，妈妈先示范给你看，你可要看好了。

旁白：说完，猫妈妈就把鱼钩向河里甩去，咪咪也照着妈妈的样子，把鱼钩甩了出去。

猫妈妈：钓鱼一定要专心，如果有鱼来咬钩子，先别急着把钓竿往上拉，要先等一会儿，等鱼完全咬住了鱼饵后，再用力拉起钓竿，鱼就能钓上来了。

旁白：咪咪学着妈妈的样子，坐在河边钓鱼，它的眼睛盯着浮标，这时，一只蜻蜓飞了过来。

小猫：妈妈你看，一只漂亮的蜻蜓。

猫妈妈：嘘，咪咪别吵！

小猫：妈妈，我抓住了蜻蜓就回来。

猫妈妈：哎！

小猫：你往哪跑！

（背景音乐）

小蜻蜓：你来呀，你来呀，快来追我呀！

旁白：蜻蜓像是故意和它捉迷藏，一会儿飞上山坡，一会儿飞进草丛，怎么也抓不着。

小猫：哼！不玩了。哇，好大一条鱼啊！

猫妈妈：只要有耐心，你也能钓到呀！

旁白：没一会儿，一只蝴蝶飞过来。

小猫：看，蝴蝶。我去和它玩一会儿就回来。

猫妈妈：哎，你呀！

小猫：蝴蝶，蝴蝶，和我一起玩吧！

蝴蝶：你不是在钓鱼吗？

小猫：没关系，就玩一会儿。

蝴蝶：这样不好，做事可要专心呀！

小猫：哼，算了算了，不玩就不玩。真气人，我怎么一条鱼也钓不着！

第三幕：小猫终于钓到鱼

（背景音乐）

猫妈妈：钓鱼不能三心二意，你一会儿捉蜻蜓，一会儿捉蝴蝶，怎么能钓到鱼呢？

小猫：嗯，妈妈，我懂了。

旁白：没多久，蜻蜓和蝴蝶都飞来了。

（背景音乐）蝴蝶、蜻蜓：小猫咪咪，和我们一起玩吧！

小猫：嘘，我正在钓鱼呢，你们自己玩吧。

旁白：猫妈妈冲小猫点头微笑，过了一会儿小猫大叫起来。

（背景音乐）

小猫：大鱼上钩了，大鱼上钩了！

旁白：猫妈妈和蜻蜓、蝴蝶一起帮小猫拉，终于拉上来一条非常大的鱼，大家围着大鱼又唱又跳。

（背景音乐）

潜江市机关幼儿园

刘晓琼

大班篇

绘本《没有牙齿的大老虎》主题活动

◎ 主题活动背景

《没有牙齿的大老虎》是一则情节有趣、形象鲜明生动的经典童话故事。讲述了小狐狸给大老虎送糖果，有惊无险地把大老虎的牙拔掉，反而得到大老虎感谢的故事。故事中老虎的愚蠢和狐狸的聪明，特别能激发幼儿的学习兴趣。在故事情节的推动下，幼儿知道吃太多糖果和不刷牙会导致蛀牙。幼儿的自制力较差，抵抗不住甜食的诱惑，并且他们甚少能养成在进食后刷牙或漱口的习惯，从而导致蛀牙产生。幼儿不爱刷牙，不认真刷牙，一直是家长担忧的问题。怎样让幼儿真正了解刷牙的重要性，引导他们认真刷牙呢？

《3~6岁儿童学习与发展指南》提出，帮助幼儿养成良好的个人卫生习惯，知道并能做到每天早晚刷牙，饭后漱口。大班幼儿正处于换牙期，我们抓住这个契机，多形式开展主题教育活动，帮助幼儿了解牙齿是人体重要的器官之一，教会幼儿正确护牙的方法，帮助幼儿养成良好的卫生习惯；懂得健康的牙齿关系到自己的生长发育，从小养成爱护牙齿的习惯是必不可少的；鼓励幼儿尝试用表情、语言、动作表现故事角色的特征，并进行续编，尝试用图画、符号制作表演剧本。在鲜明的故事角色对比中，潜移默化地将真、善、美的价值观渗透在幼儿心中，为塑造幼儿良好的品行奠定基础。

◎ 主题活动目标

（1）乐意阅读绘本，感受故事情节的诙谐有趣，乐于参与主题活动。

（2）能够与同伴分工、合作，用自己喜欢的方式与同伴交流意见和想法。

（3）理解故事内容，知道龋齿形成的原因和过程，懂得要保护自己的牙齿。

◎ 主题环境创设

1. 主题墙

以"没有牙齿的大老虎"为主题，设计四个板块。

板块一："牙牙调查表"。记录牙齿的数量（如有几颗蛀牙，掉了几颗牙等），刷牙记录，幼儿刷牙的照片，到医院治疗牙齿的照片等。

板块二："牙医小科普"。龋齿形成的原因，护牙小妙招和正确刷牙的方法等。

板块三："不一样的牙齿"。各种小动物牙齿的照片，了解动物的牙齿和我们牙齿的不一样。

板块四："我眼里的老虎"。绘画凶猛的老虎和瘪嘴的老虎，有牙齿的老虎和拔牙后的老虎，用不同材料表现老虎不同的样子。

2. 区域创设

区域名称	投放材料及指导要点
语言区	1.提供图书绘本，供幼儿阅读，进一步加深对故事内容的理解 2.提供半成品，鼓励幼儿自制绘本并尝试讲述故事
美工区	1.提供双面胶、剪刀、无纺布等工具，供幼儿尝试制作服装、头饰 2.提供油画棒、彩纸等工具，供幼儿制作鞭炮、牙刷等道具
科学区	1.提供各种部位牙齿的卡片，鼓励幼儿进行分类 2.游戏"猜猜乐"，提供各种动物牙齿卡片，请一名幼儿描述，另一名幼儿猜测是哪种小动物的牙齿
表演区	1.张贴故事剧本、布置场景，创设表演情境 2.提供配乐故事及相关头饰、服装，供幼儿装扮表演
建构区	提供多种材料，供幼儿拼搭口腔医院

◎ 家园共育

1. 巧嘴辩论

家庭成员和幼儿进行"你喜欢老虎还是狐狸"的辩论赛，并交流讨论"谁才是老虎真正的朋友"。

2. 奇思妙创

以牙齿为主题，用纸盒制作牙牙大怪兽，进行"我爱刷牙"创意绘画。

3. 科学实验

家长和幼儿开展小实验，将鸡蛋壳浸泡在清水、可乐、白醋等不同的溶液中，让幼儿在猜想、验证、观察和理解中进一步了解龋齿的形成。

4. 牙齿小百科

家长和幼儿一起收集与牙齿有关的绘本图书，了解更多与牙齿有关的知识，进行家庭图书漂流活动。

◎ 故事资源

没有牙齿的大老虎

在大森林里，有一只大老虎，它的牙齿可厉害了。这不，小动物正聚在一起讨论呢，小猴子大声地说："比柱子还粗的树，大老虎只要用尖尖的牙齿一啃，树就断了，这可真吓人啊。"

小兔接着说："对啊对啊，听说，大老虎啃起铁杆来，就跟吃面条一样。"说着害怕得缩起了脑袋。可狐狸却说："你们都怕大老虎的牙齿，我可不怕！我还能把它的牙齿全部拔掉呢！"听完狐狸的话，小兔和小猴子互相看了一眼，哈哈大笑起来："你就知道吹牛！""对，可真没羞！没羞！"狐狸看到它们都不相信自己，生气地说："哼，不信你们就等着瞧吧。"于是拍拍胸脯走了。

这一天，狐狸果真跑去找大老虎了，它带了一大包礼物，殷勤地对大老虎说："尊敬的大王，我给您带来了世界上最好吃的东西——糖果！"

老虎心里想：糖是什么？我可从来没有尝过，真的有那么好吃吗？于是它拿起一粒奶油糖放进嘴里，尝后高兴地大喊："哇，好吃极了。"于是开心地收下了狐狸的一大包糖。从那以后，狐狸就常常给老虎送糖。

老虎吃了一粒又一粒，根本停不下来，就连睡觉的时候，糖还含在嘴里呢。

这时候，大老虎的好朋友狮子过来劝它："你这可不行，糖吃得太多，又不刷牙，牙齿会蛀掉的。狐狸可是最狡猾的动物，你可千万不能上它的当呀。"

大老虎想了想觉得也有道理，于是准备去刷牙，可正当它拿起牙刷时，狐狸来了。狐狸说："大老虎，你把牙齿上的糖全刷掉了，这样多可惜呀。"

老虎犹豫着说："可听狮子说，糖吃多了会坏牙齿的。"狐狸立马反驳道："别人的牙怕糖，你大老虎的牙这么厉害，连铁条都可以咬断，怎么会怕糖呢？"馋嘴的老虎听信了狐狸的话，于是再也不刷牙了。

就这样过了一段时间，老虎的牙开始疼了，"哎哟，哎哟……"它捂着嘴直叫唤。

老虎忙去找牙科医生马大夫："快，快把我的牙拔了吧！"马大夫一听要给老虎拔牙，吓得门也不敢开了。

老虎又去找牛大夫，牛大夫也忙说："我，我不拔你的牙……"

老虎的脸肿起来了，痛得它直叫喊："谁把我的牙拔掉，我让它做大王。"

这时候，狐狸穿了白大褂来了："我来拔吧。"老虎谢了又谢。

"你的牙全蛀掉了，得全拔掉！"狐狸说。

"只要不痛，就拔吧！"老虎哭着说。

于是狐狸就开始拔牙，拔了一颗又一颗……直到最后一颗牙，狐狸再也拔不动了。

狐狸心想：这可不行，大老虎还有一颗牙呢！小动物还是会怕它的。于是它想了想，终于想出了一个好办法，它找来一根线，一头拴在大老虎的牙上，一头拴在大树上，然后拿个鞭炮放在老虎耳朵旁边，一点火，"啪"的一声，老虎吓得摔了一个大跟头，最后一颗牙齿也掉下来了！

这时候，狐狸哈哈大笑了起来："大老虎变成瘪嘴老虎了。"大老虎这时候才知道狐狸的诡计，它愤怒地朝狐狸冲过去，可是没有牙齿的大老虎，再也没有小动物怕它了。从那以后，森林里少了一只威风的大老虎，而多了一只没有牙齿的瘪嘴老虎。

◎ 主题教学活动

活动一

没有牙齿的大老虎

（重点领域：语言）

（一）活动目标

（1）积极参与阅读活动，感受故事情节的诙谐有趣。

（2）能大胆运用动作、语言表现自己对故事的理解。

（3）理解故事主要情节，知道如何保护自己的牙齿。

（二）活动准备

（1）知识经验准备：幼儿知道糖吃多了会蛀牙的生活常识。

（2）物质材料准备：绘本PPT课件、故事音频、老虎和狐狸手偶、动物头饰。

（三）活动过程

1. 设疑导入故事

（1）播放老虎的音频。

师：小朋友们，这是谁的声音？你觉得老虎是什么样子的？给你什么样的感觉？请你学一学。

（2）出示图——《没有牙齿的大老虎》封面，情景导入故事。

师：它们是谁？你们觉得老虎厉害吗？猜一猜会发生什么有趣的事情？

2. 阅读理解故事

（1）观看PPT，猜读故事的发展。

① 看到小猴子和小兔子都说大老虎的牙齿特别厉害，只有狐狸不害怕时，幼儿讨论：狐狸不害怕大老虎吗？为什么？猜想：发生了什么事情？狐狸会怎么去对付大老虎？

② 看到狐狸带了糖果给大老虎，老虎吃了一粒又一粒，根本停不下来，就连睡觉的时候，糖还含在嘴里时，幼儿猜想：老虎天天吃糖不刷牙，会发生什么事呢？

③ 看到老虎牙疼，马大夫、牛大夫都不敢拔牙，只有狐狸穿了白大褂来了时，猜想：老虎的牙齿会留得住吗？

（2）再次欣赏故事，引导幼儿了解故事中角色的特点，并用连贯的语言表达自己的想法。

① 观看PPT第1~4页。

师：大老虎的牙齿厉害吗？有多厉害？小兔子和小猴子是怎样说的？

引导幼儿复述小兔子和小猴子的对话，并出示狐狸手偶，模仿狐狸说话：你们都怕大老虎的牙齿，我可不怕！我还能把它的牙齿全部拔掉呢！引导幼儿观察狐狸的姿势、表情，了解狐狸傲慢的性格特点。

师：狐狸会怎么样做？它真的不怕大老虎的牙齿吗？狐狸想到了一个什么办法？它是怎么说的？

引导幼儿大胆讲述故事内容，尝试模仿角色的神情、语气和对话，凸显狐狸的殷勤和大老虎对糖果的好奇。

② 观看PPT第5~9页。

师：大老虎吃过糖吗？它是怎么做的？大老虎的牙齿真的不怕糖吗？谁来劝过大老虎吃糖不刷牙，牙齿会蛀掉？

③ 观看PPT第10~14页。

师：老虎去找谁拔牙？最后老虎的牙齿全被拔光了，成了一只瘪嘴的老虎，这时候它说话还是和平时一样威风吗？

引导幼儿尝试把嘴唇窝进嘴巴用合适的语音语调讲述："还是你最好，又送我糖吃，又替我拔牙，谢谢，谢谢！"自主表现大老虎不生气反而感激狐狸的姿态。

3. 讨论：谁是真正的朋友

讨论1：你们觉得这是一只什么样子的大老虎？这只狐狸又是什么样子的？

引导幼儿分组讨论交流，得出结论。（狐狸：聪明、机智、勇敢、足智多谋、狡猾、大胆等。老虎：没有自己的想法、不听劝告、愚蠢等）

讨论2：故事中还有哪些小动物，它们都做了些什么？你觉得它们又是什么样子的？

引导幼儿讨论其他动物的角色特点，并尝试模仿（小猴、小兔都很害怕大老虎，马大夫甚至不敢给大老虎拔牙，而大老虎的好朋友狮子却很善良，好心过来提醒大老虎不要上了狐狸的当）。

讨论3：如果你是这只老虎你会怎么做？没有了牙齿的大老虎在森林里还会发生什么有趣的事情？狐狸是老虎真正的朋友吗？你喜欢故事中的狐狸吗？为什么？

引导幼儿根据故事情节，大胆讲述，积极肯定（如不上狐狸的当，有独立思考的能力；坚持每天刷牙，养成好的习惯，多吃水果和蔬菜；谦虚一点，听取别人的忠告，和小动物们友好相处，等等）。

小结：狐狸很聪明，会想办法战胜大老虎。我们小朋友在遇到困难时，要积极开动脑筋，用自己的智慧去接受挑战，战胜困难。

4. 合作表演故事

（1）幼儿自选角色。

师：现在，请小朋友们自由分组，选择故事中你所喜欢的小动物的头饰戴好，想想你要表演的小动物在故事中做了哪些事情、说了哪些话，和同组的小朋友准备一下。

（2）自由表演故事。

教师播放故事音频，幼儿通过表情、动作、自由搭配道具进行表演活动。

5. 分享感受，结束活动

师：通过这个故事，你明白了一个什么道理？一起讨论吧！

（四）活动延伸

1. 区域延伸

在语言区提供绘本图书，供幼儿阅读，鼓励幼儿根据故事情节绘画故事剧本。

2. 家园延伸

幼儿回家后可与家长分享绘本故事，与家庭成员分角色自由表演故事。

潜江市机关幼儿园

董玉萍

活 动 二

牙齿的秘密

（重点领域：健康）

（一）活动目标

（1）体验换牙的特殊感受，面对换牙不抵触。

（2）能用正确刷牙等方法保护好自己的牙齿。

（3）了解保护牙齿的方法，知道换牙是正常现象。

（二）活动准备

（1）知识经验准备：听过《没有牙齿的大老虎》故事，班上的幼儿有换牙经历。

（2）物质材料准备：牙齿模型、乳牙和恒牙单颗模型、牙刷、恒牙和乳牙头饰、乳牙和恒牙的图片、《没有牙齿的大老虎》绘本图片、"换牙我不怕"PPT课件、《刷牙歌》音频、《牙齿旅行记》故事视频。

（三）活动过程

1. 引出换牙

师：《没有牙齿的大老虎》故事里的大老虎因为吃糖，牙齿最后全没了。换牙到底好不好呢？小朋友，你掉过牙齿吗？你的牙齿是怎么掉的？你害怕吗？

2. 了解换牙

（1）教师播放故事视频《牙齿旅行记》。

师：故事里飞飞小朋友的牙齿脱落了吗？他的心情怎么样呢？

师：飞飞小朋友也在上大班呢，我们一起看看他的牙齿会不会晃动后脱落呢？

师：飞飞找到了自己的牙齿吗？找到的那颗牙齿是原来脱落的那颗吗？

（2）播放PPT"换牙我不怕"图片，引导幼儿了解换牙的过程。

师：换牙是乳牙脱落、恒牙长出的过程。

（3）出示乳牙和恒牙图片，引导幼儿了解两种牙齿。

师：我们每个小朋友都会换牙，小朋友升到大班，长到五六岁时就会开始换牙。换牙是我们长大的标志，不用紧张、害怕。被换掉的牙齿叫乳牙，它会陪伴我们六七年，新长出的牙齿叫恒牙，恒牙会陪伴我们一直到老。换牙了，证明我们长大了，是一件开心的事情！

3. 保护牙齿

（1）如何保护牙齿？

师：森林里有一只威武的大老虎，它的牙齿也脱落了。大老虎的牙是怎么掉的呢？是不是跟我们小朋友一样到了换牙的年龄呢？

师：如果大老虎请小朋友们帮帮忙拯救它的牙齿，小朋友们有什么好办法呢？

师：我们的食物残渣留在牙齿上如何清除干净？

小结：少吃甜食，餐点后要漱口；早晚刷牙保持牙齿清洁，定期更换牙刷；不咬硬物，定期检查，健康的牙齿能帮助我们咀嚼食物；换牙和长出新牙的时候，不能用舌头去舔牙床，也不要用手去摸它，不然新长出来的牙齿会不整齐；换牙时如果遇到问题，可以向牙医求助。

（2）刷牙。

教师边操作模型边讲解保护牙齿的方法，示范正确的刷牙方式。师幼一同跟随《刷牙歌》创意表现刷牙动作。

4. 换牙欢庆会

（1）师：今天我们了解了换牙是一件高兴的事，小朋友们不再因为换牙而感到害怕和紧张了，我们一起开一个换牙欢庆会吧。

（2）师幼一同玩游戏"换牙欢庆会"，幼儿戴上头饰扮演"乳牙"和"恒牙"角色，在表演中自然结束活动。

（四）活动延伸

1. 区域延伸

将牙齿模型和牙刷投入区角，引导幼儿动手操作，巩固正确的刷牙方法。

2. 家园延伸

鼓励幼儿与家长分角色玩游戏"换牙欢庆会"，分享、巩固护牙知识；号召家长定期带幼儿去口腔医院给牙齿做个检查。

潜江市机关幼儿园

周玉斐

活动三

你好，牙医

（重点领域：社会）

（一）活动目标

（1）积极参与活动，萌发对牙医的向往。

（2）能与同伴分享自己的愿望，培养幼儿对牙医的尊重。

（3）了解牙医的职业特性，知道要努力学本领才能实现理想。

（二）活动准备

（1）知识经验准备：听过故事《没有牙齿的大老虎》。

（2）物质材料准备：课件、画纸、彩色笔。

（三）活动过程

1. 故事导入，激发幼儿活动兴趣

（1）播放PPT课件，师幼共同回顾故事，调动幼儿的参与兴趣。

师：你愿意让故事里的狐狸帮你拔牙吗？为什么？

（2）教幼共同探讨，引发幼儿对牙医的好奇。

师：狐狸并不是真正的牙医，它把老虎的牙齿都拔光了。想要成为真正的牙医，需要懂得很多关于牙齿的知识，还要学习很多本领。

2. 了解牙医的职业特性

（1）引导幼儿了解牙医的职业特性。

播放PPT课件，帮助幼儿了解牙医的工作。

出示图片：牙医。

师：图片中的是什么人？牙医是干吗的？为什么要去见牙医？

出示图片：牙医诊所、看牙工具。

师：在牙医诊所见到了什么？你见过哪些看牙的工具？猜猜它们有什么作用？

播放视频：医生看牙过程。

师：牙医是怎么检查牙齿的？什么情况下需要去牙医诊所看牙？

教师小结：当我们的牙齿生病的时候，就要找牙医帮忙了，牙医会使用专用器材，帮我们看好牙齿，真了不起。

（2）讨论：我是小牙医。

①教师提问，鼓励幼儿大胆用完整的语句讲述自己对牙医的理解。

师：长大后你想做牙医吗？为什么？

②幼儿小组交流：如何做一名小牙医？

师：如果你是小牙医，你会怎么做？现在请小朋友们五人一组进行讨论，最后每组推选出一名代表发言。

小结：牙医可以帮助我们治好蛀牙，保护牙齿健康。牙医叔叔和牙医阿姨都是特别能干、特别有本领的人。我们小朋友现在也要努力学好本领，长大后才能成为像牙医叔叔、牙医阿姨一样有本领的人。

3. 自由绘画"我心中的牙医"

（1）教师提供画纸、彩色笔等绘画材料，鼓励幼儿用绘画的形式表现自己对牙医的理解。

（2）幼儿大胆创作，教师巡回指导。

（3）幼儿交流分享自己的作品。

4. 教师小结

（1）尊重牙医。

小结：牙医叔叔和牙医阿姨每天都很辛苦，帮助病人摆脱痛苦，他们的工作对我们的生活很重要。我们的牙齿健康离不开牙医叔叔和牙医阿姨的辛勤付出，他们是最可爱、最可敬的人。

（2）你长大后的理想是什么？

师：除了牙医之外，其实还有很多的职业也值得我们尊敬，如警察、教师、环卫工人、农民等，你长大了想当什么？

小结：警察抓住坏人，维护社会治安；教师传授知识，让我们越来越优秀；环卫工人每天很早就打扫卫生，把街道打扫得干干净净；农民伯伯辛勤劳作，种出粮食……他们都是特别能干、有本领的人，是我们每个人应该努力的方向。我们小朋友现在要努力学好本领，努力朝着梦想一步一步前进，长大后才能成为有本事的人。

（3）如何实现自己的理想？

师：我们都有自己的理想，但小朋友现在年龄还小，不能做大人做的那些事情。我们现在应该怎么做去实现自己的理想呢？

（四）活动延伸

1.区域延伸

用幼儿的作品装饰教室，共同制作"我心中的牙医"主题墙。

2.家园延伸

家长可从网上查阅了解牙医的工作，认识一些简单的看牙工具。

潜江市机关幼儿园

曲蕊

活动四

牙齿咔咔咔

（重点领域：科学）

（一）活动目标

（1）乐意参加科学活动，体验探究活动的乐趣。

（2）能根据牙齿外形辨别食肉动物、食草动物和杂食动物，并学会记录。

（3）了解食肉动物、食草动物和杂食动物不同的牙齿特点。

（二）活动准备

（1）知识经验准备：幼儿对牙齿组成结构有一定的了解。

（2）物质材料准备：课件。

（三）活动过程

1.谜语导入，激发幼儿活动兴趣

（1）猜谜导入。

师：今天老师带来了一个谜语，请小朋友们仔细听。（谜面）兄弟生来白又白，整整齐齐排两排。切菜咬米快又快，人人吃饭离不开。打一个人体器官。（谜底：牙齿）

（2）讨论：牙齿的功能。

师：牙齿有哪几种呢？你知道牙齿的功能吗？

2. 认识食肉动物、食草动物和杂食动物的牙齿特点

（1）交流自己对动物牙齿的认识。

师：我们每个小朋友都有牙齿，动物也有牙齿吗？你见过哪种动物的牙齿？长什么样？（幼儿自由讨论交流，请个别幼儿说一说）

（2）认识食肉动物的牙齿特点。

①出示老虎牙齿图片，请幼儿观察，猜猜这是谁的牙齿？

师：老虎的牙齿是什么形状？哪位小朋友能用自己的话形容一下？（鼓励幼儿积极发言）

教师小结：老虎的牙齿细细的、尖尖的，它的犬齿比较发达。

②出示食肉的恐龙牙齿，比较恐龙牙齿和老虎牙齿哪里比较像。

师：食肉恐龙的牙齿是什么形状的？和老虎的牙齿有哪些相似的地方呢？

教师小结：像这种犬齿比较发达的动物都喜欢吃肉，我们给它取个好听的名字，叫"食肉动物"。

③播放"狮子用牙齿捕猎"的视频。

师：下面，我们跟着视频一起去看看狮子是怎样利用犬牙来捕食的吧！

教师提问：你们知道还有哪些动物也是食肉动物？和小朋友们一起分享一下！

（3）认识食草动物的牙齿特点。

师：（分别出示食肉恐龙和食草恐龙的牙齿）恐龙有很多种类，食草恐龙和食肉恐龙的牙齿有什么不一样的地方呢？

教师小结：像这种大大的、平平的牙齿，是门齿和臼齿比较发达，这些动物喜欢吃草，我们也给它们取个好听的名字，叫"食草动物"。

（4）认识杂食动物的牙齿特点。

师：（出示人的牙齿图片）我们人类的牙齿是什么样的？

教师小结：门齿、犬齿、臼齿都比较发达的动物，是杂食动物。

3. 通过观察记录，了解常见动物的食性

（1）介绍记录要求。

出示各种动物，辨别这些动物是属于哪一类的？

师：动物博物馆里有许多小动物，请小朋友们仔细观察它们的牙齿，哪些属于肉食动物，哪些属于食草动物，哪些又属于杂食动物呢？

我们每个小朋友都有一份观察记录表，请你将食肉动物、食草动物、杂食动物分别贴入相应的表格，现在开始吧！

（2）幼儿观察并记录，教师巡回指导。

（3）集体检验记录结果。

师：请所有小朋友来做小小检验员，检查我们的记录表分类是否正确。（鼓励幼儿在正确的记录旁打"√"，错误的记录旁打"×"）

4. 评价小结

（1）讨论：动物也会换牙吗？如何保护牙齿？

（2）小结：大多数哺乳动物都会换牙；鲨鱼的牙齿会不断地掉，不断地长出来。

（四）活动延伸

1. 区域延伸

将牙齿模型放入区域，引导幼儿观察记录。

2. 家园延伸

家长带领幼儿观看关于牙齿的小动画，科普牙齿的相关知识，收集牙齿有特殊功能的动物，并了解其牙齿的作用。

潜江市机关幼儿园

曲蕊

活动五

刷牙歌

（重点领域：艺术）

（一）活动目标

（1）感受音乐节奏的多样，体验节奏游戏的乐趣。

（2）能根据二拍子节奏的强弱规律，选用乐器演奏乐段。

（3）学习用不同的乐器演奏歌曲《刷牙歌》。

（二）活动准备

（1）知识经验准备：会哼唱《刷牙歌》，有玩打击乐器的经验。

（2）物质材料准备：粘贴动物节奏图谱，《刷牙歌》伴奏音乐，三角铁、双响筒、夹板、手摇铃等打击乐器。

（三）活动过程

1. 谈话导入，引发活动兴趣

师：大老虎吃了很多糖，早晚又不刷牙，满口的大牙被狐狸全拔掉了。大老虎后悔极了，回到家告诉自己的孩子要讲卫生，吃完食物一定要刷牙，养成早晚刷牙的好习惯。小朋友们，我们一起来刷牙，刷刷刷、刷刷刷，一起来刷牙。

2. 学习《刷牙歌》节奏型

（1）熟悉旋律。

幼儿跟随音乐，有节奏地演唱刷牙歌。幼儿用肢体语言、表情和眼神自由地表达歌曲情感，体验音乐欢快、活泼的节奏特点。

（2）节奏练习。

理解图谱节奏型，进行节奏练习。幼儿以小组的形式进行节奏练习，进一步感知二拍子强弱规律。

×× ×|×× ×|

×.×××|×× ×|

××× ×|××× ×|

×.×××|× 0×|×0×0|×.0|

3. 打击乐演奏

（1）跟随伴奏音乐，拍手练习节奏。

幼儿看图谱，三角铁与手摇铃用在强拍上，双响筒和夹板强弱拍都需要打。

（2）介绍打击乐器，幼儿自选打击乐器，分组练习。

（3）尝试集体表演。播放音乐，一名小指挥在最前面，演奏者在一旁，歌唱的幼儿在中间，大家共同演奏。

4. 结束活动

师：小朋友们今天的表演真棒！《没有牙齿的大老虎》童话剧要开演啦，我们一起去伴奏吧！

（四）活动延伸

1. 区域延伸

在音乐区投放幼儿熟悉的各种打击乐器，幼儿自主随音乐演奏，丰富音乐经验。

2. 家园延伸

用生活中的物品尝试进行节奏游戏。

潜江市机关幼儿园

王启红

活动六

童话剧《没有牙齿的大老虎》

第一幕：爱吃糖的老虎

（背景音乐）

老虎：在大森林里，谁都知道我的牙齿最厉害，小动物们都怕我。

旁白：小动物们听说了老虎的话，纷纷议论起来。

小猴：比柱子还粗的树，大老虎只要用尖牙一啃就断，真吓人哪！

小兔：大老虎嚼起铁杆来，跟，跟吃面条一样……

旁白：小兔说着，害怕得缩起了脑袋。

小狐狸：你们怕大老虎的牙齿，我就不怕！我还要把它的牙齿全部拔掉呢！

旁白：哈哈哈，哈哈哈，谁相信小狐狸的话呢？

小猴、小兔：吹牛！吹牛！没羞！没羞！

旁白：小猴和小兔一个劲儿地笑小狐狸。

小狐狸：哼！不信，你们就瞧着吧！

旁白：小狐狸拍拍胸脯走了。

第二幕：小狐狸送糖

（背景音乐）

旁白：狐狸真的去找大老虎了，它带了一大包礼物。

小狐狸：尊敬的大王，我给你带来了世界上最好吃的东西——糖。

旁白：糖是什么？老虎从来没尝过，它吃了一粒奶油糖。

（背景音乐）

老虎：好吃极了！

旁白：从此以后，狐狸就常常给老虎送糖。老虎吃了一粒又一粒，连睡觉的时候，糖还含在嘴里呢。这时，大老虎的好朋友狮子忙来劝他。

（背景音乐）

狮子：糖吃得太多，又不刷牙，牙齿会蛀掉的。狐狸最狡猾，你可别上它的当呀。

老虎：嗯。

旁白：大老虎答应着，它正要刷牙，狐狸又来了。

小狐狸：你把牙齿上的糖全刷掉了，多可惜呀。

老虎：可听狮子说，糖吃多了会坏牙的。

小狐狸：别人的牙怕糖，你大老虎的牙这么厉害，铁条都能咬断，还会怕糖！

第三幕：老虎拔牙

（背景音乐）

旁白：馋嘴的老虎听了狐狸的话，不刷牙了，又过了些时候，半夜里，老虎牙痛了，它痛得捂住脸哇哇地叫。老虎忙去找牙科医生马大夫。

老虎：哎哟，哎哟，快，快把我的牙拔了吧！

旁白：马大夫一听，要给老虎拔牙，吓得门也不敢开了。老虎又去找牛大夫。

牛大夫：我，我不拔你的牙。

旁白：牛大夫更不敢拔老虎的牙了。老虎的脸肿了起来。痛得它直叫喊。

（背景音乐）

老虎：谁把我的牙拔掉，我让，我让它做大王。

旁白：这时候，狐狸穿着白大褂来了。

小狐狸：我来拔吧。

旁白：老虎谢了又谢。狐狸一看老虎的嘴巴就叫了起来。

小狐狸：你的牙，你的牙全得拔掉！

老虎：啊！只要不痛，拔……就拔吧……

（背景音乐）

旁白：吭唷，吭唷，狐狸拔呀拔，拔了一颗又一颗……最后一颗牙，狐狸再也拔不动了。

小狐狸：有办法了！（狐狸拿出一根线，一头拴住大老虎的牙，一头拴在大树上。然后它拿个鞭炮放在老虎耳朵边）

（背景音乐）

一点火，呼——啪！

老虎：啊！

老虎吓得摔了个大跟头。最后一颗牙齿也掉下来了！

旁白：哈哈，哈哈……这只没有了牙齿的大老虎成了瘪嘴老虎啦！

老虎：还是你最好，又送我糖吃，又替我拔牙，谢谢，谢谢！

潜江市机关幼儿园

万莉

绘本《三只小·猪》主题活动

◎ 主题活动背景

　　故事《三只小猪》讲述的是猪妈妈和三只小猪无忧无虑地生活着，三只小猪长大后，各自盖了稻草房子、木头房子、砖头房子。它们在遭遇大灰狼后，用智慧、勇敢、团结打败了大灰狼。故事中，猪老大、猪老二的房子都被大灰狼吹倒了，只有猪老三的房子坚固如初。猪老三的房子为什么不倒呢？幼儿有很多自己的想法，这正是本故事吸引幼儿的地方。

　　《3~6岁儿童学习与发展指南》指出，结合生活实际对幼儿进行安全教育，帮助幼儿了解周围环境中不安全的事物，教给幼儿简单的自救和求救方法，幼儿科学学习是在探究具体事物和解决实际问题中，尝试发现事物间的异同和联系的过程。教师发现幼儿的兴趣点，把握时机，积极引导，围绕小猪长大了—小猪盖房子—智斗大灰狼三个主线索生成开放性的主题教育活动，为幼儿深度学习提供充分的机会。通过搭建、扮演、讨论等多种形式，为幼儿的创造性发展提供广阔的空间，帮助幼儿理解"砖头房子"是最坚固的道理，引导幼儿自主学习、自由探索、自由表达，获得自身发展，促进幼儿已有经验的提升。

◎ 主题活动目标

　　（1）积极参与主题活动，乐于表达自己的想法，体验分工合作的快乐。

　　（2）能根据故事内容布置游戏场景，根据剧情的发展和故事中不同角色的形象特点创编特定情境的动作与台词。

（3）理解故事内容，寻找大自然中适合盖房子的材料，加深幼儿对房屋材料的认识。

◎ 主题环境创设

1. 主题墙

以"三只小猪"为主题，设计四大板块。

板块一："故事绘画"。以幼儿故事绘画的形式呈现故事情节，用图加文的形式简单介绍《三只小猪》的故事内容。

板块二："安全房子调查表"。幼儿探索小猪们用了哪些不同材料？哪种材料最结实？记录生活中不同的建筑材料和奇特有趣的建筑物。

板块三："小小设计师"。为小猪设计安全的房子，重点突出烟囱、房顶等"标志性建筑"。

板块四："我们的表演"。呈现"表演需要什么""你想演什么"内容。

2. 区域创设

区域名称	投放材料及指导要点
语言区	1.提供相关的故事图片，引导幼儿根据图片内容进行排序，并连贯讲述故事 2.投放立体绘本，引导幼儿续编故事
美工区	1.提供彩笔、纸盘、纸杯、黏土、剪刀、回形针、颜料等材料工具，供幼儿制作故事中的主要角色和表演海报 2.提供陶泥，制作小猪的一家和大灰狼的面具
益智区	1.提供纸质扑克牌，探索搭建高楼的办法 2.提供动物或房子的拼图，开展走迷宫游戏
表演区	1.提供头饰、服装、海报、平板等，设置场景供幼儿进行角色表演 2.利用手偶、纸偶、皮影进行故事表演
木工坊	提供木工材料，制作木头房子

续 表

区域名称	投放材料及指导要点
建构区	1.提供大型木块、磁力片、万能工匠、纸箱、塑料管道、竹子等材料，用平铺、延长、围合等技能拼搭高楼及辅助物，并进行连接 2.绘制房子图纸，提供吸管、木棒、黏土、手工纸、树叶、树枝、石子、纸筒、纸杯、纸盒、麻绳、夹子等材料造房子
沙土区	提供真实的泥土，制作砖头

◎ 家园共育

1. 巧手妙思

结合故事主要情节，家长和幼儿一起用各种材料自制绘本。

2. 拼拼搭搭

亲子收集生活中的各种材料，制作各种各样的房子，参与班级"小小建筑师"展示活动。

3. 社会实践

家长带幼儿参观家乡地标性建筑，引导幼儿说一说、画一画、做一做，领略生活中的建筑之美。

4. 共读时光

家长和幼儿了解故事内容，帮助幼儿进一步理解故事的深刻含义，懂得做事要像猪老三一样勤劳踏实，不能只图省力省事。

◎ 故事资源

三只小猪

在大森林里住着猪妈妈和它的三个孩子，老大叫呼呼，老二叫噜噜，老三叫嘟嘟。有一天，猪妈妈对小猪们说："现在你们都长大了，应该学一些本领。你们各自去盖一座房子吧！"三只小猪问："妈妈，用什么东西盖房子呢？"猪妈妈说："稻草、木头、砖都可以盖房子，但是草房没有木房结实，木房没有砖房结实。"

三只小猪和妈妈道别，高高兴兴地走了。走着，走着，看见前面一堆稻草。老大呼呼忙说："我就用这稻草盖草房吧。"老二噜噜和老三嘟嘟一起向前继续走，走着，走着，看见前面有一堆木头。老二噜噜连忙说："我就用这木头盖间木房吧。"

老三嘟嘟还是继续向前走，走着，走着，看见前面有一堆砖头。它高兴地说："我就用这砖盖间砖房吧。"于是，嘟嘟一块砖一块砖地盖起来。不一会儿，汗出来了，胳膊也酸了，嘟嘟还不肯歇一下。花了三个月时间，砖房终于盖好啦！小猪嘟嘟乐得直笑。

在三只小猪住的山后面住着一只大灰狼，它听说来了三只小猪，哈哈大笑，说："三只小猪来得好，正好让我吃个饱！"

大灰狼来到草房前，叫小猪呼呼开门，呼呼不肯开。大灰狼用力撞一下，草房就倒了。呼呼急忙逃出草房，边跑边喊："大灰狼来了！大灰狼来了！"

木房里的噜噜听见了，连忙打开门，让呼呼进来，又把门紧紧地关上。大灰狼来到木房前，叫小猪噜噜开门。噜噜不肯开。大灰狼用力撞一下，小木房摇一摇。大灰狼又用力撞了一下，小木房就倒了，呼呼和噜噜急忙逃出木房，边跑边喊："大灰狼来了！大灰狼来了！"

砖房里的嘟嘟听见了，连忙打开门，让呼呼和噜噜进来，又紧紧地把门关上。大灰狼来到砖房前，叫小猪嘟嘟开门。嘟嘟不肯开。大灰狼用力撞一下，砖房一动也不动，又撞一下，砖房还是一动也不动。大灰狼用尽全身力气，向砖房重重地撞了一下，砖房仍是一动也不动。大灰狼撞得头也肿了，四脚朝天地跌倒在地上。大灰狼还是不甘心，看到房顶上有一个大烟囱，就爬上房顶，想从烟囱里钻进去，结果大灰狼从烟囱摔下来，被热水烫了，疼得捂着屁股逃走了。老大呼呼难过地对嘟嘟说："盖草房虽然最省力，但是很不结实，以后我要多花力气盖砖房。"老二噜噜也难过地对嘟嘟说："盖木房虽然省力，但是不结实，以后我要多花力气盖砖房。"嘟嘟高兴地说："好，让我们一起来盖一座大的砖房，把妈妈接来，大家一起住吧！"

◎ 主题教学活动

活动一

三只小猪盖房子

（重点领域：语言）

（一）活动目标

（1）喜欢听故事，对故事内容感兴趣。

（2）能简单创编故事，并进行角色扮演。

（3）理解故事内容，懂得勤奋踏实的意义。

（二）活动准备

（1）知识经验准备：有根据给出的图片复述故事的经验。

（2）物质材料准备：绘本《三只小猪》PPT，三只小猪的动物头饰，稻草房、木头房、砖房大图，背景音乐。

（3）环境场地准备：有森林意境的活动场地。

（三）活动过程

1. 图片导入故事

（1）师：小朋友们，你们认识这个小动物吗？猜一猜会发生什么有趣的事呢？

（2）出示故事封面图《三只小猪》。

2. 阅读理解故事

（1）欣赏PPT，幼儿猜读故事情节发展。

① 看到猪妈妈对小猪们说小猪长大了，应该学一些本领，先各自去盖一座房子时，幼儿讨论：小猪能听妈妈的话去盖房子吗？为什么？猜想：三只小猪会怎样去做呢？小猪盖房子会成功吗？

② 看到老大、老二分别选择用稻草和木头盖房子时，猜想：老三会选择什么材料盖房子呢？

③ 看到大灰狼撞倒了稻草房和木头房时，猜想：老三的房子结实吗？会

被大灰狼撞倒吗？

④ 师：故事里有哪些动物呢？发生了一件什么事情？你觉得谁的房子最结实？

（2）再次欣赏故事，理解小猪长大了、小猪盖房子、智斗大灰狼三个主线索的情节发展。

① 观看PPT第1～2页。

师：故事中三只小猪长大了，猪妈妈对小猪们说了什么？

引导幼儿复述猪妈妈和小猪之间的对话。

② 观看PPT第3～6页。

师：小猪们离开妈妈后去盖房子了，它们分别用什么材料盖房子呢？小朋友，我们来学一学小猪盖房子的动作吧！

③ 观看PPT第7～10页。

师：三只小猪的房子盖好后发生了什么呢？大灰狼是怎样毁坏猪大哥的草房和猪二哥的木房的呢？猪大哥和猪二哥怕大灰狼吗？它们一起躲进了谁的房子呢？为什么猪小弟的砖房没有被毁坏呢？猪小弟是怎样勇斗大灰狼的呢？大灰狼的结局是怎样的？

引导幼儿用完整的语句进行表述，进一步了解三只小猪勇斗大灰狼的经过。

3. 讨论：做事要开动脑筋，要勤劳

（1）师：你最喜欢故事里的哪只小猪，为什么？大灰狼的结局是怎样的？为什么大灰狼会有这样的下场？

（2）小结：三只小猪盖房子的故事告诉我们，做事情不能怕吃苦，不能偷懒，要勤思考、多动脑，做事要认真、专心、勤劳。

4. 出示道具，进行角色扮演

（1）幼儿按照分组自主选择故事片段进行角色扮演。

师：小朋友们，我们将三只小猪的故事分为三个小片段，第一个小片段是三只小猪离开妈妈后的情景；第二个小片段是三只小猪盖房子的经过；第三个小片段是三只小猪勇斗大灰狼的经过。大家可以选择自己感兴趣的片段尝试角色扮演。

（2）播放录音故事，幼儿根据动物角色的对话内容进行表演。

5. 感受与分享

（1）幼儿说一说感受。

师：你们在扮演三只小猪时有什么样的感受呢？你觉得三只小猪中谁是最勤奋、最爱思考的小猪呢？你认为我们应该学习猪小弟身上哪些优点呢？

（2）小结。

师：三只小猪主动离开妈妈的怀抱，做好了独立的准备，说明它们都是勇敢的。后来小猪们在建房子时，猪大哥和猪二哥很快建好了房子，它俩没有认真思考房子是否结实，只有猪小弟认真思考后选择用砖头来建房子，它的速度虽然慢了一些，但是它的房子最结实，大灰狼来了也不怕，并且猪小弟用智慧打败了大灰狼，这也告诉我们在生活中应该学习猪小弟的勤劳与智慧，做事情不可以偷懒。

（四）活动延伸

1. 区域延伸

将故事图书、动物头饰、立体道具和大图投放于语言区，供幼儿进行阅读、角色扮演等；还可将彩笔、橡皮泥、卡纸、双面胶等投放于美工区，供幼儿制作剧本。

2. 家园延伸

鼓励幼儿给家长讲述《三只小猪》的故事，并和家长分角色表演故事中的对话内容，自制绘本。

潜江市机关幼儿园

王嫣然

活动二

小猪运材料

（重点领域：健康）

（一）活动目标

（1）乐意参与户外活动，体验集体游戏的快乐。

（2）能遵守游戏规则，顺利完成竞赛游戏。

（3）学习在荡桥和有一定间隔的物体上行走。

（二）活动准备

（1）知识经验准备：熟悉《三只小猪》绘本故事的内容。

（2）物质材料准备：猪妈妈头饰，《三只小猪》音乐，平衡木，梅花桩，圆形拱门，三只小猪大图，盖房材料若干。

（3）环境场地准备：空旷的运动场地摆放平衡木、梅花桩、圆形拱门。

（三）活动过程

1. 角色游戏导入，激发幼儿兴趣

（1）教师扮演猪妈妈，语言描述三只小猪准备盖新房，要请能干的幼儿帮助三只小猪搬运材料，激发幼儿的兴趣。

师：小朋友们，你们好呀！今天天气真好呀，现在请你们跟着猪妈妈一起运动运动，锻炼一下身体吧！

（2）播放《三只小猪》的音乐童谣，跟随教师进行热身活动。

2. 学习本领：掌握平衡要领

（1）幼儿自由体验在荡桥和有一定间隔的梅花桩上行走。

师：小朋友们，猪妈妈想和三只小猪一起把房子重新修一修，可是我们有点忙不过来，需要你们帮忙运送一下修房子的材料，你们愿意帮一帮猪妈妈吗？（愿意）

师：在帮助猪妈妈之前，猪妈妈想考考你们，通过了它的考验你们才能成为它和猪宝宝的小帮手，帮忙运送材料哦！

师：在帮助猪妈妈运送材料的路上有一些障碍，你们会怎样通过这些障碍呢？自己先尝试一下吧！

（2）请幼儿自主探索荡桥和有一定间隔的梅花桩路线。

（3）请个别幼儿上前示范。

师：所有的小朋友都已经用自己的方法探索了运送材料的路线，我发现有很多小朋友的动作非常迅速而且很稳，请这几个小朋友给我们示范一下，看看他们是用什么方法来通过这条路的，好不好？

（4）教师示范动作要领，幼儿再次练习。

① 教师分解示范动作。

② 幼儿练习在荡桥和有一定间隔的物体上行走的动作要领。

先请个别幼儿示范在荡桥上行走，再请个别幼儿示范在有一定间隔的物体上行走，并让其他幼儿观察他们是怎么走的。教师总结幼儿示范的经验，对动作再次进行示范讲解。

3. 竞赛游戏：比赛运材料

（1）体验游戏。

师：工人叔叔马上就要将修房子的材料运送过来了，在这之前，请你们分成三组先练习一下，再次熟悉一下运送路线，每一组要注意学会接力完成运送任务哦！

幼儿在教师的组织下体验游戏。

（2）体验游戏。

① 玩法：将幼儿分成三组，分别帮助猪大哥、猪二哥、猪小弟运送盖房子的材料，每组第一位幼儿听指令搬起材料经过小桥（荡桥）、河滩（梅花桩）、山洞（圆形拱门）进行闯关，最先完成运送材料任务的小组获胜。

② 组织幼儿进行"小猪运材料"的游戏活动。

4. 分享与交流

（1）幼儿说一说在运送材料的体验游戏中的感受，以及扮演三只小猪做形体律动的体会与想法。

（2）教师结合幼儿在搬运游戏中的表现和形体律动中的表现进行总结。

5. 放松活动

播放《三只小猪》纯音乐，幼儿扮演三只小猪的角色，教师在音乐声中说三只小猪寻找盖房材料、运送材料的故事片段，幼儿尝试用形体律动进行表演，做放松四肢的活动。

（四）活动延伸

1. 区域延伸

将活动中的游戏材料投放至户外拓展区，幼儿自主游戏。

2. 家园延伸

家长和幼儿一起到公园玩健身器材，锻炼身体。

潜江市机关幼儿园
徐艳

活动 三

做个勤劳的好孩子

（重点领域：社会）

（一）活动目标

（1）积极参与集体活动，乐意做一个勤劳的好孩子。

（2）做自己力所能及的事情。

（3）了解"勤劳"的含义，知道勤劳是一种好品质。

（二）活动准备

（1）知识经验准备：熟悉《三只小猪》的绘本故事。

（2）物质材料准备：PPT课件，背景音乐。

（三）活动过程

1. 出示PPT图片，激发兴趣

师：小朋友，你们听过三只小猪的故事后，最喜欢哪只小猪？为什么？

小结：猪小弟勤劳勇敢，做事脚踏实地，不急于求成，不偷懒是我们学习的好榜样。我们在生活中不能像猪大哥和猪二哥一样想偷懒，做事只图省时省力，要像猪小弟一样做任何事情都不怕辛苦，做个勤劳的好孩子。

2. 初步感知要勤劳

（1）说一说。

师：猪小弟是勤劳的好孩子，在我们的生活中有许多勤劳的人。小朋友，谁愿意说一说爸爸妈妈的职业，说一说爸爸妈妈平常是怎样工作的？

（2）看一看。

图片一：环卫工人。

师：她在干什么？你们知道环卫工人平常主要做些什么工作吗？环卫工人为我们社会做出了什么贡献？

图片二：建筑工人。

师：他在干什么？你们知道建筑工人平常主要做些什么工作吗？建筑工人为我们社会做出了什么贡献？

图片三：医生。

师：医生的穿着打扮是什么样的？疫情期间，最辛苦的就是医生了，你知道医生日常主要做些什么工作吗？

小结：环卫工人的工作是清扫垃圾，保持大街小巷干干净净；建筑工人的工作是为城市建筑高楼大厦；医生的工作是治病救人……他们是最美劳动者，都是勤劳的人，他们的工作对我们的生活很重要。因为有他们辛勤地付出，才有我们健康安全的生活。

3. 找一找，谁是勤劳的好孩子

教师逐一出示三张图片，描述红红、黄黄、君君的行为，幼儿讨论推选出"勤劳宝贝"。

图片一：红红在幼儿园做值日生，把所有小朋友吃饭的桌子擦得干干净净。

图片二：黄黄正在家帮妈妈洗碗，看见爸爸拿来一个新玩具，马上把没洗完的碗放下去玩玩具。

图片三：君君自己整理书包，坚持做力所能及的事情。

师：红红、黄黄、君君，他们谁是勤劳的好孩子？我们应该向谁学习？

4. 讨论生活中勤劳的人

（1）师：我们周围有很多勤劳的人，我们如何做勤劳的好孩子？

小结：妈妈做饭，环卫工人扫地，农民伯伯种地，医生护士为我们采核酸，他们都是勤劳的人，我们要每天做自己力所能及的事情，自己穿衣服、自己叠衣服、自己整理书包、帮父母擦桌子，做勤劳的好孩子。

（2）歌唱表演《劳动最光荣》。

师：喜鹊造新房、蜜蜂采蜜忙，我们一起跟随音乐唱起来，向喜鹊、蜜蜂学习，做个勤劳的好孩子。

（四）活动延伸

1. 区域延伸

引导幼儿完成做事清单并张贴在班级主题墙上，主题为"勤劳宝贝"，引导幼儿点滴践行承诺，形成做事认真勤劳的好品质。

2. 家园延伸

家长带领幼儿在家里一起做力所能及的事情，感受劳动的快乐。

潜江市机关幼儿园

彭丽

活动四

不倒的"篱笆"

（重点领域：科学）

（一）活动目标

（1）乐于探究，体验与同伴合作解决问题的成就感。

（2）能通过观察与动手让易倒的物体变得稳固。

（3）了解物体稳定性与重心的高低、接触面的大小有关，知道上轻下重的物体不易倒。

（二）活动准备

（1）知识经验准备：熟悉《三只小猪》的故事。

（2）物质材料准备：同一型号的矿泉水瓶、三种大小的光碟、勺子、扇子若干个，沙子一罐（每小组一套）；实验记录表、角色卡（实验员、记录员、观察员）。

（3）环境场地准备：空旷平整的场地。

（三）活动过程

1. 图片导入，发现"篱笆"易倒，引起幼儿探索兴趣

（1）师：大灰狼没有攻破猪小弟的砖房，所以猪老大和猪老二决定与猪小弟一样，一起来盖一座大的砖房，还准备在房子的周围插上一圈"篱笆"，增加一道"防线"来抵挡大灰狼。

（2）教师出示大小一样的空瓶子，请一名幼儿帮助小猪们搭建"篱笆"。

师：这些"篱笆"轻轻一碰就倒，怎么办呢？

2. 初步探索"篱笆"不易倒的方法，在比较中了解物体站立稳定的原因

（1）教师提出操作要求，幼儿分组自由探索。

师：老师给你们准备了一些材料：沙子、光碟，请你们选取一种材料，尝试改造"篱笆"，使它不易倒。

（2）教师观察幼儿在操作过程中出现的问题，提醒幼儿做记录。小组成员由实验员、记录员、观察员组成，自由分组选择角色。

（3）交流分享经验。每组请一名幼儿代表讲述本组利用哪种材料，如何改造"篱笆"的？成功没有？可以怎么改进？

教师引导幼儿总结出光碟固定在"篱笆"顶部和中部的一吹就倒，光碟固定在"篱笆"底部的不易倒。引导幼儿总结出同样重的光碟放在底部比放在顶部和中部不易倒。

小结：没有加沙子的"篱笆"一吹就倒，加了沙子的"篱笆"不易倒。引导幼儿总结出增加"篱笆"的重量可以使"篱笆"不易倒的理论。

3. 幼儿尝试第二次实验，了解物体的重心、底面面积大小与物体稳定性之间的关系

（1）教师提出操作要求：选择多种材料，使"篱笆"变得更加稳固。

师：我们在"篱笆"里装满沙子后，在篱笆底部固定大号、中号、小号三种面积大小不同的光碟，哪个最不易倒？

（2）幼儿分组操作实验，做好记录并验证猜想。

小结：大号"篱笆"最不易倒，小号"篱笆"最易倒。因此可以知道：光碟粘在"篱笆"底部，让"篱笆"与地面接触面积变大了，接触面积越大，越不容易倒。

4. 合作一起建"篱笆"，体验实验成功的快乐

（1）幼儿合作一起建"篱笆"，说一说改造过程和判断"篱笆"稳定性的感受与体会。

（2）小结。

师：小朋友们今天表现真不错！通过实验，知道了上轻下重的物体不易倒，了解了物体的稳定性与重心高低、接触面大小的关系：重心越低，接触面越大的物体，越不易倒。最后成功帮助三只小猪改造了"篱笆"！

（四）活动延伸

1. 区域延伸

在建构区投放多种类型的建构材料供幼儿操作拼搭更稳固的"篱笆"。

2. 家园延伸

和家长一起了解生活中有关物体稳固性的现象以及它对人们生活的重要性。

潜江市机关幼儿园

乐明雪

活动五

三只小猪

（重点领域：艺术）

（一）活动目标

（1）乐于参与绘画活动，体验绘画活动中的乐趣。

（2）大胆想象故事中角色的表情、动作等特点，根据对故事的理解完整地绘画。

（3）学习绘画出故事主要情节，突出动物的表情特征。

（二）活动准备

（1）知识经验准备：听过《三只小猪》的故事。

（2）物质材料准备：故事图片，水彩笔若干，白色画纸。

（三）活动过程

1. 图片导入活动

师：《三只小猪》的故事中，有哪些小动物？你最喜欢哪只小猪？为什么？

小结：大家喜欢猪小弟，因为它勤劳、智慧，而且对自己的兄弟团结友爱，是我们学习的榜样。

2. 欣赏故事主要情节图

（1）出示猪妈妈对三只小猪叮咛的情景图，感知猪妈妈与小猪们即将分别时的表情。

师：通过图片你们看到了什么？猪妈妈的表情是怎样的呢？

小结：猪妈妈的孩子长大了，猪妈妈在与小猪们道别时，是舍不得它们的，所以眼睛红红的，一直在对小猪们说着关心的话。

（2）出示猪老大盖草房时的图片，引导幼儿说说猪老大的动作和表情特点。

师：猪老大的房子只花了一天时间就盖好了，它盖草房时的动作和表情是怎样的呢？

小结：猪老大盖草房的动作很快，房子一天就盖好了，它的表情很得意，眼睛笑眯眯的，嘴巴往上翘，看出猪老大很得意的模样。

（3）出示猪老二盖木房时的图片，引导幼儿说说猪老二盖房时的动作和表情是怎样的。

师：猪老二盖好房后的表情和动作是怎样的？

小结：猪老二盖好房子后的表情很得意，嘴巴和眼睛都是往上翘的，表情很夸张。

（4）出示猪小弟盖砖房时的图片，引导幼儿观察猪小弟的表情及动作。

师：猪小弟盖砖房时的动作和表情是怎样的？你认为猪小弟辛苦吗？

小结：猪小弟的脸上不停地流着汗，但是它仍然一只手拿砖块，另一只手抹水泥，它的神情专注，最终盖出了坚固的房子。

（5）出示大灰狼破坏小猪们房子的图片，感知大灰狼的表情及小猪遭遇大灰狼后的表情变化与动作特点，并请幼儿尝试表演。

师：后来大灰狼在破坏小猪们的房子时，大灰狼的表情和动作是怎样的？三只小猪的表情和动作又是怎样的呢？

小结：大灰狼张大了嘴巴，使出全身力气的模样，恨不得一口将小猪吞到肚子里。猪老大和猪老二看到大灰狼，嘴巴、眼睛、鼻子都变得很大，它们大步奔跑的样子很夸张。而猪小弟面对大灰狼的表情是严肃的，它紧皱着眉头。

（6）出示三只小猪战胜大灰狼后一起欢呼的情景图，引导幼儿感知此时三只小猪的表情和动作变化。

师：三只小猪战胜了大灰狼，它们的表情和动作又是怎样的呢？

小结：三只小猪张大嘴巴，激动地欢呼着，它们手拉手围成圈，开心地跳起来。

3. 故事绘画《三只小猪》

（1）明确鼓励幼儿根据自己对故事的理解与感受，绘画其中任意一个情景。

师：你们最喜欢三只小猪故事中的哪个情景呢？请大家大胆画出来。

（2）分组绘画。分小组完成故事中的主要情节，尝试进行连环画创作。

4. 作品分享与评价

（1）教师点评学生作品并进行小结。

（2）幼儿欣赏作品并进行分享交流活动。

（四）活动延伸

1. 区域延伸

将幼儿故事绘画制作成故事剧本，鼓励幼儿在表演区开展"三只小猪"的表演活动。

2. 家园延伸

幼儿与家长一起分享"三只小猪"的故事并进行角色扮演，开展亲子表演活动。

潜江市机关幼儿园

王嫣然

活动六

童话剧《三只小猪》

第一幕：小猪长大了

（背景音乐）

旁白：在大森林里住着猪妈妈和它的三个孩子，老大叫呼呼，老二叫噜噜，老三叫嘟嘟。

猪妈妈：现在你们都长大了，应该学一些本领。你们各自去盖一座房子吧！

三只小猪：妈妈，用什么东西盖房子呢？

猪妈妈：稻草、木头、砖都可以盖房子，但是草房没有木房结实，木房没有砖房结实。

旁白：三只小猪似懂非懂地向猪妈妈点了点头。

第二幕：小猪盖房子

（背景音乐）

旁白：三只小猪和妈妈道别，高高兴兴地走了。走着，走着，看见前面一堆稻草。

猪老大：我就用这稻草盖间房子吧。

旁白：猪老二和猪小弟继续向前走去。走着，走着，看见前面有一堆木头。

猪老二：我就用这木头盖间房子吧。

（背景音乐）

旁白：猪小弟还是向前走去。走着，走着，看见前面有一堆砖头。

猪小弟：我就用这砖头盖间房子吧。

（背景音乐）

旁白：猪小弟一块砖一块砖地盖起房子来。不一会儿，汗出来了，胳膊也酸了，猪小弟还不肯歇一下。

（背景音乐）

旁白：猪老大的草房、猪老二的木房很快就盖好了。猪小弟花了好久好久的时间才把砖房子盖好，小猪们乐得直笑。

第三幕：大灰狼来了

（背景音乐）

旁白：后山里住着一只大灰狼，听说来了三只小猪，心想：三只小猪来得好，正好让我吃个饱！于是，大灰狼来到草房前。

大灰狼：快开门，快开门，我要进去！

猪老大：我不开，不能让你进来！

大灰狼：再不开，我就把你的房子吹倒！

旁白：大灰狼张开大嘴，用力一吹，草房就倒了。猪老大急忙逃出草房。

猪老大：大灰狼来了！大灰狼来了！

（背景音乐）

旁白：木房里的猪老二听见了，连忙打开门，让猪老大进来，又把门紧紧地关上。不一会儿，大灰狼又来到木房前。

大灰狼：快开门，快开门，我要进去！

猪老二：我不开，不能让你进来！

大灰狼：再不开，我就把你的房子撞倒！

旁白：大灰狼用力撞了一下，木房摇了摇。大灰狼又用力撞了一下，木房就倒了，猪老大和猪老二急忙逃出木房。

猪老大、猪老二边跑边喊：大灰狼来了！大灰狼来了！

（背景音乐）

旁白：砖房里的猪小弟听到了两个哥哥的呼喊声，连忙打开门，让它们进来，又紧紧地把门关上。不一会儿，大灰狼来到砖房前。

大灰狼：快开门，快开门，我要进去！

三只小猪：我不开，不能让你进来！

大灰狼：再不开，我就把你的房子撞倒！

旁白：大灰狼用力撞一下，砖房一动也不动，又撞一下，砖房还是一动也不动。大灰狼用尽全身力气，对砖房重重地撞了一下，砖房仍是一动也不动。大灰狼头都撞肿了，四脚朝天地跌倒在地上。

猪老大：怎么办，怎么办，房子要被撞倒了！

猪老二：我们赶快逃走吧！

（背景音乐）

旁白：猪老大和猪老二在房子里走来走去，非常害怕。这时，大灰狼看到房顶上有一个大烟囱，就爬上房顶，想从烟囱里钻进去。

猪小弟：哥哥，你们都别害怕，我盖的砖房很结实。

旁白：三只小猪听到房顶上有声音，往上一看，大灰狼的尾巴从烟囱里伸进来啦。

猪小弟：有办法了，我们用烧热的水烫死它。

（背景音乐）

旁白：三只小猪抱起柴火开始生火烧水。

猪小弟：你敢下来吗？

大灰狼：看我下来把你们都吃掉，给我等着！

旁白：锅里的热水烧得滚烫，大灰狼从烟囱钻了进来，掉进锅里被热水烫得嗷嗷大叫，捂着屁股拉开门迅速逃跑了。

第四幕：盖一座大砖房

（背景音乐）

猪老大：盖草房虽然最省力，但是很不结实，以后我要多花力气盖砖房。

猪老二：盖木房虽然省力，但是不结实，以后我要多花力气盖砖房。

猪小弟：好，让我们一起来盖一座大的砖房吧，把妈妈接来，大家一起住吧！

旁白：小猪一家幸福地生活在一起。

潜江市机关幼儿园

万莉

绘本《月亮的味道》主题活动

◎ 主题活动背景

《月亮的味道》是一个充满想象和童趣的故事，感情基调温馨诙谐，画面感十足。月亮是什么味道的呢？圆圆的、黄黄的月亮是像饼干一样脆脆香香，还是像橘子一样酸酸甜甜呢？小动物们都很好奇，都想摘到月亮。可是，小海龟、大象、长颈鹿、斑马都来了，还是够不着……可爱又美味的月亮深深地吸引着小动物们。特别是月亮左右躲闪，挑逗小老鼠的片段将情节推向了高潮。幼儿在阅读、品味的过程中，被小动物互帮互助、坚持不懈、团结一致的精神和最终品尝到美味的月亮那份成功的喜悦所感染。

《3~6岁儿童学习与发展指南》指出，幼儿园应多为幼儿提供需要大家齐心协力才能完成的活动，让幼儿在具体活动中体会合作的重要性，学习分工合作。故事中小动物们的形态特征、行为举止、有趣的叠高高动作通过对话和动态的描写展现得惟妙惟肖。小动物们每一次叠加都用不同的方向、不同的角度在诠释着团结的力量。小动物们成功的秘诀是什么呢？我们以此为切入点，撷取教育价值，结合幼儿已有经验，创设活动情境，提供活动机会，让幼儿在说一说、做一做、演一演中品味分享的甜蜜，体验成功的喜悦，感受齐心协力的幸福，进一步学习坚持和合作的良好精神品质。

◎ 主题活动目标

（1）感知文学作品的美，体验坚持不懈、团结合作后成功的快乐。

（2）根据故事情节和角色特点模仿创编台词与动作，创造性地表现自己的理解和感受。

（3）在说一说、看一看、试一试等活动中，探索月相变化、叠高高等奥秘，培养科学素养。

◎ 主题环境创设

1. 主题墙

以"月亮的味道"为主题，设计四大板块。

板块一："月相变化调查表"。以绘画的形式记录圆圆的月亮变成月牙的过程。

板块二："奇妙的月亮"。呈现幼儿用黏土制作不同月相变化的作品。

板块三："'登月'计划"。围绕故事内容，进行小组讨论：怎样才能摘到月亮。

板块四："有趣的叠叠乐"。呈现幼儿运用叠罗汉的方式叠放生活中的物品的图片。

2. 区域环境

区域名称	投放材料及指导要点
语言区	1.投放与月亮相关的绘本，丰富幼儿经验 2.提供主要的故事背景图、粘贴式的小动物、月亮等操作材料，幼儿在自主游戏的过程中体验有趣的"够月亮之旅"
美工区	提供水果、蔬菜、小零食的模具，橡皮泥、毛球、黏土、吸管等材料，制作美味的月亮
表演区	提供乌龟、大象、斑马、狐狸、猴子、老鼠等服饰道具，各种月亮的味道背景图供幼儿进行表演
建构区	提供纸杯、纸筒、纸盒、碳化积木、扑克牌等材料进行叠高高游戏
科学区	1.提供手电筒、动物玩偶、月亮剪影、记录板等材料探索影子的秘密 2.提供重叠式的月相变化图，探索月亮变化的规律
户外拓展区	提供梯子、滚筒、木桩、独木桥等器械，蛋托、布鲁托等材料，找到不同的技巧

◎ 家园共育

1. 社会实践

家长带领幼儿走进科技馆，了解科学的奥秘，体验科技给生活带来的便利。

2. 童心慧眼

家长带领幼儿用望远镜观察夜晚月亮的变化。

3. 叠高高

家长带领幼儿运用身体、玩具、生活用品等开展室内外叠高高游戏。

4. 故事配音

班级开展亲子故事配音比赛。

◎ 故事资源

月亮的味道

夜里，动物们望着月亮，总是想尝尝月亮的味道。可是，不管怎么伸长了脖子、伸长了手、伸长了腿，也够不着月亮。

有一天，一只小海龟下定决心，它要一步一步爬到最高的山上，去尝一尝月亮。爬到山顶，月亮近多了。可是，小海龟还是够不着。

小海龟叫来了大象。"大象，大象，你快爬到我的背上来，说不定就能够到月亮了。"大象的鼻子往上一伸，月亮轻轻地往上一跳。

大象还是够不着，它叫来了长颈鹿。"长颈鹿，长颈鹿，你快爬到我的背上来，说不定就能够到月亮了。"月亮看到长颈鹿，又轻轻地往上一跳。

长颈鹿还是够不着，它叫来了斑马。"斑马，斑马，你快爬到我的背上来，说不定就能够到月亮了。"月亮看到斑马，又轻轻地往上一跳。

斑马还是够不着，它叫来了狮子。"狮子，狮子，你快爬到我的背上来，说不定就能够到月亮了。"月亮看到狮子，又轻轻地往上一跳。

狮子还是够不着，它叫来了狐狸。"狐狸，狐狸，你快爬到我的背上来，说不定就能够到月亮了。"月亮看到狐狸，又轻轻地往上一跳。

狐狸还是够不着，它叫来了猴子。"猴子，猴子，你快爬到我的背上来，说不定就能够到月亮了。"月亮看到猴子，又轻轻地往上一跳。

猴子都能闻到月亮的味道啦，可还是够不着。猴子叫来了小老鼠。"小老鼠，小老鼠，你快爬到我的背上来，我们就能够到月亮了。"月亮已经玩累了，看到小老鼠这么小，心想：这么小的老鼠，肯定够不到我。这回，月亮没动。

"咔嚓！"小老鼠咬下一片月亮。月亮的味道真好！然后，小老鼠又给猴子、狐狸、狮子、斑马、长颈鹿、大象和小海龟都分了一口月亮。大家都觉得，这是它们吃过的最好吃的东西。

这天夜里，大家挤在一起睡着了。

一条小鱼看着这一切，怎么也闹不明白：它们为什么要那么费力，到高高的天上去摘月亮？这不是还有一个吗，喏，就在水里，在我旁边呀。

◎ 主题教学活动

活动一

月亮的味道

（重点领域：语言）

（一）活动目标

（1）喜欢阅读故事，体会同伴之间互相帮助的美好情感。

（2）观察图画细节，猜想故事情节的发展。

（3）理解故事内容，懂得叠高高的含义。

（二）活动准备

PPT课件。

（三）活动过程

1. "试"尝月亮的味道

出示《月亮的味道》封面图，导入情景故事，幼儿自由体验无实物尝月亮。

师：小朋友们，今天老师带来一块好吃的月亮，你们想知道月亮是什么味道的吗？

2.阅读理解故事

（1）观察绘本，大胆猜想。

①出示封面和封底，通过月亮形状上的变化让幼儿猜想故事的内容。

②师：有这么一群可爱、充满了好奇的小动物，它们也想尝尝月亮的味道。我们来数一数有几只动物，看看它们是谁呢？猜猜它们能摘到月亮吗？是怎么摘月亮的？

（2）播放PPT，理解内容。

①播放PPT第1~3页。

谁第一个想去摘月亮？它是怎样去的？

师：小海龟爬了出来，它准备去山顶摘月亮，它会怎么去呢？它又是怎么摘月亮的呢？（一步一步爬上去，教师与幼儿一起体验一步一步向上爬。幼儿自主探索小乌龟摘月亮的动作）

（幼儿发挥想象表述）月亮的动作和表情怎么样？

师：小朋友们，小海龟一个人摘不到月亮，我们看看它请了谁来帮忙？小海龟会对大象说什么呢？月亮看到小乌龟和大象想抓它又会怎么想呢？

教师引导幼儿观察海龟和大象对话时的姿势，大胆想象，试着用合适的语音语调去讲述"大象，你到我的背上，说不定我们够得到呢"。

②播放PPT第4~7页。

师：小海龟和大象够到月亮了吗？它们又喊来了谁？大象会对它说什么呢？

教师引导幼儿尝试探索适合大象的语音语调去讲述："长颈鹿，你到我的背上，说不定我们够得到呢。"（观察长颈鹿的身高特征，表现轻轻一跳、伸长脖子）

师：还是够不到，长颈鹿喊来了斑马，那它会对斑马说什么呢？斑马又是怎么够月亮的呢？你们猜猜月亮是怎样做的呢？

这么多的小动物一只叠一只做成了梯子，它们的表情是怎样的？小猴子还是够不到月亮，它请谁来了？

③ 播放PPT第8~10页。

师：老鼠是怎样爬上猴子的背的？有没有吃到月亮呢？

小老鼠吃到月亮了吗？ "为什么这么小的老鼠能吃到月亮呢？" 现在月亮的表情是怎样的？

④ 播放PPT第11~12页。

师：夜晚，仰望月亮想品尝一口的动物一共有几只呢？月亮的味道是怎样的呢？小鱼在想什么？你们认为它说得对吗？为什么？

3. 讨论：感受互帮互助的幸福

（1）交流互动：你最喜欢故事里的哪只小动物，为什么？小动物们通过有趣的叠高高吃到月亮后有什么感觉？

（2）小结：小动物们一只叠一只做成梯子，它们为了同一个心愿一起努力，一起合作，终于让老鼠够到了月亮，看来集体的力量真大。小老鼠没有忘记它们的好朋友，和它们一起分享了月亮。所以动物们觉得这是最好吃的东西。小动物互帮互助、坚持不懈、团结一致，最终品尝到美味的月亮，是非常幸福的事情。

4. 创意表演

（1）播放完整动画，回顾故事内容。

师：小朋友们，欣赏完这个故事你有什么感想？

（2）自主表演。

幼儿自由分组，协商分配角色。教师播放故事音频，鼓励幼儿根据相对应的角色大胆进行表演。

5. 感受与分享

师：小朋友，说说自己扮演小动物的感受，你认为和伙伴一起游戏应该怎样做？说一说，你明白了一个什么道理？

小结：和小伙伴互帮互助、齐心协力做事终会顺利完成任务。

（四）活动延伸

1.区域延伸

将绘本、音频投放到阅读区，供幼儿阅读或续编故事；将头饰、服饰投放到表演区，供幼儿创意表演。

2.家园延伸

家长引导幼儿分享剧本，理解剧本内容，了解角色特点，帮助幼儿发现最适合自己的戏剧角色。

潜江市机关幼儿园

刘晓琼

活动二

攀爬小勇士

（重点领域：健康）

（一）活动目标

（1）乐意主动参与攀爬活动，体验攀爬的乐趣。

（2）能利用器械、手脚并用地进行攀爬，提高动作协调性。

（3）学习手脚交替、协调攀爬。

（二）活动准备

（1）知识经验准备：幼儿有爬行的经验。

（2）物质材料准备：攀爬架、软梯、独木桥、拱形门、音乐、口哨。

（三）活动过程

1.热身活动

（1）情境导入，激发幼儿活动兴趣。

师：森林里要举行攀爬比赛了，你们想去参加吗？让我们跟着音乐一起锻炼身体，为森林攀爬赛做准备吧！

（2）播放音乐，教师与幼儿一起做热身运动。

教师带领幼儿跟随音乐做伸展、下蹲、踢腿、跳跃等热身动作，活动全身关节。

2. 学习攀爬

（1）教师示范讲解动作。

师：攀爬时身体压低，双手紧紧握住支架，双脚踩稳，膝盖弯曲，身体伸展向前，手脚并用、协调一致、一层一层地向上攀爬。注意在攀爬过程中一定要让手脚找到支撑点，前面有小伙伴攀爬时必须要间隔一定距离。

（2）分组练习。

师：小勇士们，想一想，我们可以用什么方法又快又稳地爬过攀爬架呢？谁来试一试？我们一起来学一学，练一练吧。

教师介绍攀爬的器械，幼儿自由分组练习攀爬。幼儿手脚协调向前攀爬，鼓励幼儿大胆挑战，树立榜样的力量。

（3）个别指导。

对个别幼儿的动作进行指导，关注能力弱的幼儿。

3. 体育游戏：攀爬比赛

（1）讲解游戏规则。

幼儿分成两组，先钻过山洞，跳过"小壕沟"，爬过攀爬架，最后到达终点。

师：每一组队员要团结协作，攀爬时注意自己和小伙伴的安全。

（2）幼儿按规定路线进行练习。

幼儿游戏，教师巡回指导，注意攀爬动作要领的指导，引导幼儿遵守游戏规则以及和队友的合作。

（3）比赛。

播放游戏音乐，幼儿按规定路线进行比赛，最先到达终点的一组为胜。

4. 放松整理

（1）评价小结。

师：经过本次攀爬游戏，你们都突破了自己，获得了成功，你们是小勇士，老师相信你们在生活中也和比赛中一样，能团结小伙伴，不怕苦、不怕累，勇往直前。

（2）放松活动。

师：让我们一起跟着音乐放松我们的身体吧。

播放音乐，教师带幼儿放松，自然结束活动。

（四）活动延伸

1. 区域延伸

将材料投放进户外运动区，鼓励幼儿自主游戏。

2. 家园延伸

家长带幼儿到公园运动区进行家庭攀爬赛，增进亲子感情。

潜江市机关幼儿园

曾君

活动三

合作力量大

（重点领域：社会）

（一）活动目标

（1）乐意和同伴合作完成任务，体验与同伴合作游戏的快乐。

（2）能在活动中与同伴分工合作，遇到困难能一起克服。

（3）知道团结合作能更好更快地完成任务。

（二）活动准备

（1）知识经验准备：听过《月亮的味道》绘本故事。

（2）物质材料准备：课件（视频、故事动画）、图片、气球、筐子、操作卡、黑色笔。

（三）活动过程

1. 绘本导入，激发幼儿兴趣

（1）师：小朋友们，你们知道月亮是什么味道的吗？小海龟就吃到过月亮，小海龟是怎么吃到月亮的呢？

（2）小结：小海龟喊来了它的朋友们，一个堆一个，叠加在一起，通过小伙伴们团结合作，最终摘到了月亮，并且尝到了月亮的味道。

2. 初步理解合作力量大

（1）谈一谈，讨论合作。

师：小海龟凭借自己的力量能吃到月亮吗？

小结：小海龟一个人的力量是有限的，无法摘到远距离的月亮。可是小海龟找小伙伴们帮忙。大家一起团结合作，都尝到了月亮的味道，同时也体验到了团结的力量。小动物互帮互助，坚持不懈，团结一致，最终品尝到美味的月亮，是非常幸福的事情。

（2）看一看，理解合作。

图片一：划龙舟比赛。

师：小朋友们，看一看图片上的人们在做什么？

你们见过划龙舟比赛吗？他们是怎样做的？

小结：图片中的人们正在划龙舟，大家齐心协力、团结合作，龙舟就会划得快。

图片二：拔河比赛。

师：这是在做什么？拔河怎么合作？

小结：拔河冠军队伍中每个成员的步伐都是一致的，身体都是向后倾斜的，大家团结合作取得了胜利。

图片三：迎面接力比赛。

师：这是在做什么？迎面接力比赛需要合作吗？为什么？

小结：在迎面接力比赛中，大家相互配合，迎面接力才可以更快地完成，合作力量大。

3. 游戏《大家一起运气球》

（1）教师讲解游戏规则。

幼儿自由分成四个组，每组将气球从起点运往对面的筐子里，先运完的队伍获胜。

（2）幼儿游戏，获胜队伍分享经验。

小结：当我们一个一个去运送气球时，往返次数多，运送慢。可是通过和小伙伴的合作，我们可以一次就把气球运送到终点，又快又好，合作是快乐的，我们在互帮互助中体验到了成功的喜悦和分享的甜蜜。

4. 出示图片，讨论生活中的合作

（1）看一看，说一说。

师：其实不仅仅小动物摘月亮需要合作，我们的生活也离不开合作。小朋友动脑筋想一想，平时的生活中有哪些事是需要合作才能完成的？可以和你旁边的小朋友说一说。

（2）看一看，找一找。

①幼儿找出合作的图片进行讲述。

师：这里有一些图片，小朋友找一找哪些是合作的图片。

分发操作卡和笔，分组合作，选出合作的图片。

②小结：小朋友们一定要记住，当我们遇到困难的时候，请不要担心和害怕，可以寻求身边小伙伴的帮助，大家团结起来一起面对，因为合作力量大，大家都是通过合作完成任务的。请相信合作力量大，也请将合作的力量告诉身边的家人和同伴，大家一起加入合作的队伍，体验成功的快乐。

（四）活动延伸

1. 区域延伸

在建构区，鼓励幼儿相互合作，搭建美丽的宝塔。

2. 家园延伸

家长和幼儿在家里一起讨论合作的意义，愿意和家人合作做力所能及的事情。

潜江市机关幼儿园

曾君

活动四

水中月

（重点领域：科学）

（一）活动目标

（1）乐意参与科学探究活动，体验科学探究的乐趣。

（2）大胆操作实验，能用一定的方法验证自己的猜想。

（3）初步感知平面镜成像的特点。

（二）活动准备

（1）知识经验准备：幼儿见过水中的月亮，照过镜子。

（2）物质材料准备：绘本《月亮的味道》、装满水的水盆、小镜子、积木、娃娃、手电筒、记录表、记录笔、图片等。

（三）活动过程

1. 谈话导入，引出活动主题

教师引导幼儿回忆绘本《月亮的味道》的故事内容，并展示绘本最后一页，引发幼儿思考，由此进入活动主题。

师：在绘本故事《月亮的味道》中，我们一起看到了小动物都要去天上摘月亮，可是小鱼儿却很疑惑：为什么它们要爬那么高去摘月亮，明明月亮就在我身边呀？

2. 感知"水中月"这一奇特的自然现象

教师引导幼儿初步了解"水中月"形成的科学现象，引导幼儿积极思考，并做出观察记录。

（1）教师提出问题，引发幼儿积极思考，并相互讨论。

师：小鱼儿身边的月亮是怎么回事？为什么会有两个月亮？在我们的生活中，水里真的有月亮吗？你看到过吗？

（2）初步了解"水中月"的科学现象。

"水中月"的科学现象：水中月就是平面镜成像，和镜子成像的原理是一样的，是通过光的反射形成的一种现象。

师：水中的月亮和照镜子的现象是一样的，平静的水面就像一面镜子，月亮对着平静的水面就像在照一个大镜子，这时水里就出现了一个和天上一模一样的月亮，这就是平面镜成像。

（3）幼儿做猜想记录。

教师鼓励幼儿大胆猜想，并引导幼儿填写记录表。教师介绍记录表，讲解记录规则，展示材料，引导幼儿积极猜想并记录猜想。

①猜想：

水里的月亮能摸到吗？它们的大小是一样的吗？方向一样吗？

在没有任何光线、漆黑的环境里会发生平面镜成像吗？

你认为以下哪些物品会产生平面镜成像的现象呢？（装满水的水盆、镜子、塑料积木、布娃娃等）

你认为出现平面镜成像需要哪些基本条件？（光源、光滑的平整的平面等）

②教师引导幼儿自由分组、大胆猜想，并进行讨论，然后记录本组的猜想记录表。

幼儿完成猜想记录表，教师引导幼儿以实验的方式验证猜想。

3. 幼儿操作实验，探索平面镜成像

（1）教师介绍操作材料，讲解操作流程和方法，引导幼儿进行实验。每组幼儿分工合作，让记录员、操作员和观察员负责本小组的实验。通过实验亲身感知平面镜成像的基本条件和特点。

（每组操作台上放有装满水的水盆、镜子、塑料积木、布娃娃、手电筒等实验物品，幼儿依次进行小实验）

师：请小朋友们按照刚才的猜想记录分成小组，自由分工进行实验，现在开始吧！

（2）实验操作。

将手电筒打开照着装满水的水盆，摸一摸，玩一玩。

将手电筒依次对着积木、镜子、玩具等物品，观察哪些地方会出现平面镜成像现象。

调整活动室光线，观察平面镜成像与光线的关系。

观察镜子对比镜子里的成像和实物的区别。（如大小、方向等基本情况）

（3）幼儿实验结束，教师引导幼儿比对观察猜想记录表的结果和实验操作记录的结果，一起总结得出结果。

师：通过小实验，我们知道了平面镜成像是只能看见而摸不到的，平面镜成像和实物大小一样、方向相反，这都是平面镜成像的一些基本特点。

小结：今天小朋友们通过一些小实验感知了平面镜成像的科学现象，也初步了解了平面镜成像发生的条件，必须要有光源，如果没有光源、漆黑一片，就什么也看不到，有了光源还需要有一个光滑平整的平面，满足这两个基本条件，我们就可以看到平面镜成像的科学现象了。

4. 观看图片，了解生活中的平面镜成像

师：除了镜子和平静的水面，你知道在生活中还有哪些物体可以充当平面镜吗？

小结：平整的玻璃、抛光的金属表面等都能出现平面镜成像现象。

（四）活动延伸

1. 区域延伸

将操作材料投放到科学区，幼儿继续探索学习。

2. 家园延伸

家长带领幼儿了解镜子在生活中的应用，进一步探索镜子的秘密。

潜江市机关幼儿园

汪慧敏

活动五

森林狂想曲

（重点领域：艺术）

（一）活动目标

（1）感受大自然声音的和谐美，体验合奏的乐趣。

（2）能根据图谱用乐器进行合奏。

（3）欣赏音乐旋律，掌握音乐节奏。

（二）活动准备

（1）知识经验准备：有演奏打击乐器的经验。

（2）物质材料准备：PPT课件，沙锤、木鱼、碰铃、响板、动物卡片、图谱，《森林狂想曲》剪辑音乐，小动物头饰。

（三）活动过程

1. 谈话导入，引出主题

师：今天，森林里要举办一场音乐会，很多小动物都来参加。我们一起来听一首优美的音乐，然后告诉小伙伴，你在音乐中听到了什么？听完后你有什么感受？

2. 欣赏乐曲，感受旋律美

（1）欣赏完整乐曲。

师：乐曲的旋律听起来怎么样？听到了哪些小动物的声音？

小结：这首乐曲表现的是在美丽的森林里，动物们一起唱歌、跳舞，欢快地生活在一起。

（2）欣赏分段音乐。

①欣赏第一部分音乐。

师：这一部分音乐你们想到了什么？你们觉得哪些动物唱得最欢快、最大声？

教师依次出示动物卡片，幼儿模仿其叫声，感受音乐中的变化。

②欣赏第二部分音乐。

师：间奏的旋律和前面音乐有什么不同？你想到了什么？这一部分如何表现？

③欣赏第三部分音乐。

师：这里听起来有什么样的感觉？你们发现了什么？

3. 设计配乐方案

（1）介绍乐器。

师：老师这里有很多乐器，你们都认识吗？我们一起给小动物们选择乐器并进行伴奏吧。

（2）幼儿把乐器标志贴在乐谱节奏型下面，设计配乐方案。

4. 借助图谱，配乐演奏

（1）幼儿练习节奏型。

师：选择你们喜欢的乐器轻轻地拿在手上，跟着音乐一起试一试吧！

（2）看图谱练习。

幼儿自主选择乐器，分组进行练习。

（3）出示图谱，幼儿一起合奏。

师：森林音乐会马上开始啦，小朋友们准备好了吗？

5. 评价分享，结束活动

师：小朋友，你们今天演奏得非常成功！优美的音乐，可爱的小动物，大自然原来这么美，我们一定要好好地欣赏大自然，保护大自然。今天的森林音乐会开始啦，我们一起跳起来、唱起来吧！

（四）活动延伸

1. 区域延伸

将图谱、乐器投放至表演区，幼儿自主进行打击乐演奏活动。

2. 家园延伸

家长和幼儿欣赏音乐，感受音乐旋律的优美，鼓励幼儿用肢体动作在与音乐的有效互动中大胆地表现、表达。

潜江市机关幼儿园

王月

活动六

童话剧《月亮的味道》

第一幕：月亮会是什么味道呢?

（背景音乐）

旁白：夜里，动物们望着月亮，总是想尝尝月亮的味道。可是，不管怎么伸长了脖子、伸长了手、伸长了腿也够不着月亮。小动物们渐渐进入甜美的梦乡，只有小海龟趴在地上，伸长脖子，仰望星空。

小海龟：今天的月色好美呀，不知道月亮是什么味道，真想尝一口呀!

（背景音乐）

旁白：一只小海龟下定了决心，它要一步一步爬到最高的山上，去尝一尝月亮。

月亮：人家都休息了，这个小不点还挺有精神，居然想尝月亮。

旁白：爬到山顶，月亮近多了。可是，小海龟还是够不着。

大象：你在做什么呀?

小海龟：月亮那么美，我想尝一尝月亮的味道，哪怕就一小口。

小兔：月亮会是什么味道的呢?

小老鼠：它肯定像妈妈煮的汤圆，又甜又香。

长颈鹿：月亮，它一定比树叶的味道还要好，咬上一口甜蜜蜜的，放在嘴巴里就化了。

大象：它要是根薄荷味的棒棒糖该多好呀，又清脆又爽口，那是我的最爱。

小老虎：我觉得月亮就像蛋糕上的奶油那么美味。可是妈妈说了，吃多了奶油容易长蛀牙。

小狐狸：我也吃过奶油，一定像奶油的味道，太好吃了。

猴子：我希望它的味道有香蕉那么好。

小海龟：可是，它是圆的呀！

猴子：它有时也会变得像香蕉那样弯弯的。

小海龟：我相信月亮的味道一定比这些东西的味道都要好，应该是爱的味道。要是我们能够尝一尝那该多好呀！

小老鼠：可是月亮在那么远的地方，我们怎么够得着呢？

大象：我的鼻子长，让我来试一试。

其他小动物：加油，加油，加油。

大象：小乌龟，这真是太难了。

月亮：我在这么高的地方，它们哪里够得着呀！

长颈鹿：要不让我来试一试吧，我的脖子长。

其他小动物：加油，加油，加油。

长颈鹿：不行啦，脖子都快断了，还差得远呢！

所有小动物瘫坐下来：还差得远呢。哎，看来爱的味道是尝不到了。

小老虎：天越来越黑，我们应该回家了。

其他小动物：是呀，回家吧！太晚了，妈妈会担心的。

第二幕：齐心协力摘月亮

（背景音乐）

小海龟：月亮的味道是爱的味道，顶呱呱呀顶呱呱。伙伴们，伙伴们，我有好主意啦。

其他小动物：快说，快说，什么好主意。

小海龟：瞧，月亮就在山顶上，我们爬上山坡不就可以够到月亮，尝到爱的味道了吗？

小兔：小海龟，你真有办法，我要和你一起去。

其他小动物：我们都要去。人多力量大，努力就会成功。

长颈鹿：小海龟爬得慢，我可以把它放在我的脖子上，这样就快了。

小海龟：伙伴们，走。

（背景音乐）

小海龟：朋友们，我来试一试，肯定伸手就能捉到它。

小海龟：大象，你快上来。到我身上来，说不定我们就够到月亮了。

大象：来啦，长颈鹿，长颈鹿，你快爬到我的背上来，说不定就能够到月亮了。

长颈鹿：斑马，斑马，你快爬到我的背上来，说不定就能够到月亮了。

斑马：狮子，狮子，你快爬到我的背上来，说不定就能够到月亮了。

狮子：狐狸，狐狸，你快爬到我的背上来，说不定就能够到月亮了。

狐狸：猴子，猴子，你快爬到我的背上来，说不定就能够到月亮了。

猴子：小老鼠，小老鼠，你快爬到我的背上来，说不定我们就能够到月亮了。

（背景音乐）

小老鼠：小伙伴们，我来啦。加油，我们就要抓住月亮了，1、2、3，月亮就要抓住了。

月亮：这个小不点也来凑热闹？肯定抓不住我。

小老鼠：伙伴们，你们看，月亮又躲到那座山头了。我们要不要继续努力呢？

斑马：当然要。

小海龟：只要努力，相信我们一定能够成功。

狐狸：只要努力，相信我们一定能够成功。只要努力，我们一定成功。

第三幕：分享月亮

（背景音乐）

旁白：月亮已经玩累了，看到小老鼠这么小，心想：这么小的老鼠，肯定够不到我。这回，月亮没动。

（咬食物的声音）

小老鼠咬下一片月亮，月亮的味道真好！然后，小老鼠又给猴子、狐狸、狮子、斑马、长颈鹿、大象和小海龟都分了一口月亮。

小动物们：这就是爱的味道。这是我们吃过的最好吃的东西啦！

（背景音乐）

旁白：这天夜里，大家挤在一起睡着了。河里的一条小鱼看着这一切，怎么也闹不明白。

小鱼：它们为什么要那么费力到高高的天上去摘月亮？这不是还有一个吗，喏，就在水里，在我旁边呀。

潜江市机关幼儿园

刘晓琼

绘本《潜潜成长记》主题活动

◎ 主题活动背景

世界龙虾看中国，中国龙虾看湖北，湖北龙虾看潜江。潜江龙虾被中国烹饪协会授予"中国名菜"称号，潜江作为全国最大的淡水小龙虾养殖加工出口基地，被农业农村部授予"中国小龙虾之乡""中国小龙虾加工出口第一市"称号。如今，潜江以龙虾文化为主题，建成了融生态度假旅游、龙虾美食、文化展示、娱乐购物为一体的中国潜江生态龙虾城。

五一节返园后，几个小朋友讨论捉龙虾、钓龙虾引起了我的思考："我和妈妈去菜场买小龙虾，小龙虾是小小的，软软的，摸起来滑滑的，和我们平时吃的基围虾不一样。"另一个说："小龙虾的壳很硬，两个大钳子夹到手指会很疼，煮熟后壳是红红的。"幼儿说的就是潜江的小龙虾克氏原螯虾，它凭借着"油焖""蒜蓉""清蒸"等各种美味和先进的虾稻共作模式演绎了传奇的故事。一年一度的龙虾节活动将潜江名片推向世界，吉祥物小龙虾潜潜也深受大家的喜爱。因此，我以小龙虾的成长经历为依托，创作了故事《潜潜成长记》。

故事中潜潜的成长过程是一首生命的赞歌，从脱壳，皮质层变硬变厚成为新甲壳，从幼体阶段到成虾阶段需要蜕壳11~12次。每蜕一次壳，身体就长大一次。从潜潜的生长发育、增重和繁殖的过程中，我们看到了：每一个生命都是值得被尊重的，即使它很微小。《3~6岁儿童学习与发展指南》指出，运用幼儿喜闻乐见和能够理解的方式激发幼儿爱家乡、爱祖国的情感。

我们以小龙虾潜潜为原型，将龙虾文化与绘本故事有机结合，捕捉幼儿的生活经验，关注幼儿的发展需求，开展有特色、有关联、有趣味的主题活动，让幼儿进一步领略大自然生生不息的活力和魅力，感悟生命的可贵，厚植尊重生命的美好情感。

◎ 主题活动目标

（1）感受生命的成长，了解小龙虾蜕变的过程，知道"每一个生命都是值得被尊重的，即使它很微小"。领略大自然生生不息的活力和魅力，滋养懂得博爱、懂得感悟生命和尊重生命的温暖心灵。

（2）初步理解故事内容，掌握故事的名称、角色和主要情节，发展口语表达和角色对话能力。

（3）尝试参与图文式剧本的创作，能通过表演、对话等方式大胆表现故事中的角色及其心理变化，丰富戏剧表演经验。

（4）积极参与剧本创编、道具制作、戏剧表演等活动，乐于与同伴讨论自己在创作过程中的发现、体会和想法，体验分工合作的快乐。

◎ 主题环境创设

1. 主题墙

以"潜潜成长记"为主题，设计四大板块。

板块一："闲'虾'时光"。呈现故事情节发展的顺序图，为表演做好铺垫。

板块二："'虾'识一场"。介绍不同品种的虾，重点呈现小龙虾生长蜕变的过程，以及用小龙虾制作的美食。

板块三："应接不'虾'"。呈现幼儿在"虾"钓钓、"虾"画画、"虾"演演、"虾"吃吃等活动中的精彩瞬间。

板块四："'虾'生百态"。呈现各种材料制作的小龙虾。

2. 区域创设

区域名称	投放材料及指导要点
阅读区	1.提供故事图卡，通过排图的方式大胆讲述故事内容或创编新的故事情节 2.提供关于虾的绘本，幼儿自由选择阅读、说话或者表演
美工区	1.提供宣纸、毛笔、墨汁等各种材料，进行小龙虾水墨画活动 2.提供塑料膜、透明胶片、硬纸板、剪刀、手套、仿皮纸、布、稻草、扭扭棒、棉花，制作小龙虾的大钳子 3.提供黏土、橡皮泥、一次性纸盘、模具等材料，制作小龙虾"美食"
表演区	提供故事音频、服饰道具、乐器，幼儿自主进行表演
科学区	1.提供大小各不同的小龙虾模型若干，《龙虾的生命周期》《龙虾知多少》等科普录像，了解虾的种类和习性 2.提供生长成形的小龙虾、放大镜、调查记录表，让幼儿观察小龙虾的外形特征 3.提供关于小龙虾生长周期、小龙虾知多少的科普专题片，拓展幼儿对虾的认知
建构区	提供大型碳化积木、万能工具、纸盒、纸筒、纸箱等材料，搭建龙虾展览馆

◎ 家园共育

1. 社会实践

家长带领幼儿参观小龙虾养殖基地、龙虾学校、龙虾展览馆，进行体验活动，在吃虾、钓虾、看虾中感受龙虾文化。

2. 小小代言人

以龙虾为主题，拍摄"我为家乡代言"的微视频。

3. 皮影戏

家长带领幼儿到非物质文化遗产中心观看小龙虾皮影戏。

4. 亲子运动

家长和幼儿一起开展"小龙虾爬爬"亲子小游戏。

◎ 故事资源

潜潜成长记

2月清晨的空气透着微微凉意，立春过后，小龙虾潜潜结束了冬眠，从河底的淤泥洞来到了水面，一切都清澈极了。潜潜快活地伸了个懒腰："啊唔……睡了一觉可真舒服呀！"

"咕噜咕噜……"潜潜的肚子叫了起来，它准备去找食物，一转身，哇！好多青鳞在水里游来游去。

"看起来好好吃。"潜潜自言自语。可是，青鳞一看到潜潜，就"嗖"地一下游走了。

潜潜到处游来游去，最后在一片水草上找到了一只小红虫。"虽然有点儿小，但还是将就一下吧！"它咂着嘴吃得有味极了。

肚子填饱后，潜潜回了家。可它仍然惦记着那些美味的青鳞，潜潜问妈妈："妈妈，我什么时候才能抓住大鱼啊？"

妈妈说："等你长大，自然就能抓鱼啦！"

潜潜问："可是我怎么知道自己长大了呢？"

妈妈笑着说："等你觉得衣服小了，换过新衣服，就是长大了。"

过了一段时间，小龙虾潜潜感觉身上的衣服小了。

"妈妈妈妈，我觉得衣服小了，快给我换新衣服啊。"

妈妈笑着说："会有新衣服的。"

可说归说，就是没看见妈妈给潜潜准备什么新衣服。

又过了一段时间，潜潜去问妈妈，妈妈还是笑着说："快了，快了。"潜潜有很多的疑惑，妈妈也只是笑笑，摸摸它的脑袋。可是它实在不愿意忍受身上紧巴巴的衣服，就费了九牛二虎之力，把身体从旧衣服里解脱了出来。哈，脱下来的旧衣服，就像一只真的龙虾一样站在那里呢！

潜潜脱掉了旧衣服，身上软乎乎的，它赶紧去找妈妈。

妈妈慈爱地说："我的孩子长大啦，应该有一件像样的衣服啦！三天后就会有的。"

潜潜高兴极了，想象着新衣服的款式和颜色。

三天过去了，还是没有看见妈妈为自己准备新衣服，潜潜着急了。

"妈妈，妈妈，您怎么还不给我准备新衣服？"

"新衣服？"妈妈惊奇地问。

"是呀，您答应过的啊。"潜潜有点生气了。

"哈哈，我的孩子，你看看自己的身上……"

潜潜低头看了看身上，红红的，再用大螯敲一敲，硬硬的。

"太棒了！谢谢您妈妈。可是您是什么时候给我换上的呀？"潜潜惊喜地问。

"你脱掉旧衣服的时候，里面已经生长出了新的衣服，等它变结实了，就是我们龙虾最好的衣服——我们的盔甲，能保护我们的身体，也能和侵犯我们的敌人战斗！孩子，你已经是一只真正威武的大龙虾啦！"妈妈又欣慰又骄傲地说。

潜潜穿着坚硬的盔甲，举起锋利的大螯，咔嚓咔嚓作响，威风极了。

"哈哈哈，我长大啦，我可以去抓鱼啦！"潜潜高兴地对妈妈说，"因为我已经成为一只真正的大龙虾了。"

潜潜举着两只神气的大钳子，雄赳赳气昂昂地出门了，"咔嚓"一钳子抓住了游过来的鱼儿，它把鱼儿紧紧抱在怀里，好好地吃了一顿。

潜潜越吃越多，越长越大，接着又开始蜕壳，就这样，潜潜在不知不觉中经历了11次蜕壳，长成了一只巨大、坚硬的小龙虾，拥有鲜红色的大钳子，威风凛凛，远近闻名。

◎ 主题教学活动

活动一

小龙虾潜潜

（重点领域：语言）

（一）活动目标

（1）体验阅读的快乐，感受小龙虾蜕壳成长的喜悦和成功感。

（2）能说出故事的大致内容，大胆地与他人讨论自己的想法。

（3）理解故事内容，了解小龙虾成长蜕变的过程。

（二）活动准备

（1）知识经验准备：认识小龙虾。

（2）物质材料准备：绘本《潜潜成长记》PPT、角色扮演头饰、故事音频、"我爱听故事"投票卡、《小龙虾大调查》记录表。

（三）活动过程

1. 猜谜导入，激发幼儿兴趣

师：你们喜欢猜谜游戏吗？老师准备了一个谜面："身穿淡青袍，天天弯着腰；热水洗个澡，青袍变红袍。"这是一种水生动物，猜猜它是谁？

小结：小龙虾，是淡水甲壳类水生动物，学名克氏原螯虾。我们的家乡——潜江就是小龙虾之乡，也是全国最大的淡水小龙虾养殖加工出口基地。

2. 分段讲述，理解故事内容

师：一只名叫"潜潜"的小龙虾，它的钳子还比较小，没法很熟练地捕捉到猎物，潜潜实在是太不甘心了："我一定要吃好多好多东西，快点长大。"小朋友们，潜潜长大了吗？它成长的过程中会遇到什么困难呢？我们一起去看看吧！

（1）幼儿欣赏PPT第1～2页，小龙虾苏醒觅食。

提问：小龙虾潜潜结束冬眠后，需要补充营养，它想吃什么？吃到了吗？

小结：小龙虾潜潜想吃掉青鳉，可是它还太小，抓不到青鳉，只找到了一只小红虫。

（2）幼儿欣赏PPT第3～5页，小龙虾长大蜕壳。

画面："潜潜一门心思想吃青鳉，可现在的它太小了，没法抓青鳉，于是它想快点长大。"

讨论：怎么才能知道潜潜长大了呢？妈妈怎么说的？

模仿"小龙虾实在忍受不了身上紧巴巴的衣服，就费了九牛二虎之力，把身体从旧衣服里解脱了出来"，感受小龙虾艰难的蜕壳过程。

（3）幼儿欣赏PPT第6～7页，小龙虾换新甲壳。

提问：潜潜的新衣服是什么样的呢？它的情绪又是怎样的？

小结：小龙虾每蜕壳一次，就代表着长大，当它脱掉旧衣服的时候，里面已经生长出了新的衣服，等它变结实、坚硬了，就是小龙虾最好的衣服——盔甲，能保护小龙虾的身体。小龙虾从幼体阶段到成虾阶段需要蜕壳11～12次，这也是它生长发育、增重和繁殖的重要标志。

（4）幼儿欣赏PPT第8～9页，威风凛凛大螯虾。

师：有了坚硬的盔甲、锋利大螯的小龙虾干什么去了？它还会有什么变化呢？

模仿表演：小龙虾"举着两只大钳子，雄赳赳气昂昂地出门了，'咔嚓'一钳子抓住了游过来的鱼儿，它把鱼儿紧紧抱在怀里，好好地吃了一顿"。在动作、情绪中体验小龙虾蜕变的喜悦之情。

3. 创意表演："小龙虾长大啦"

（1）模仿角色对话。

师：小龙虾的成长过程是一首生命的赞歌，它努力生长、长大，最终成为一方霸主！谁想来学学小龙虾，模仿它蜕壳的样子？

（2）自主表演。

幼儿分组扮演小龙虾潜潜和虾妈妈，跟随音频大胆演一演。

4. 感受分享，迁移经验

（1）投票活动：我最喜欢的小片段。

师：你最喜欢故事的哪一段？为什么？请为它们投票吧。

（2）调查活动："寻找小龙虾"。

师：小龙虾的成长真神奇呀！你们还在哪里见过小龙虾呢？带上记录表，回家后和爸爸妈妈一起找一找，并记录下来吧！

（四）活动延伸

1. 区域延伸

在阅读区投放自制绘本《潜潜成长记》、故事图卡；在表演区投放相关角色头饰、表演服装、道具，幼儿可自主开展区域游戏。

2. 家园延伸

家长可陪伴幼儿阅读，观看CCTV–1《航拍中国》第四季小龙虾专题片，进一步了解小龙虾蜕壳的过程和周期；完成《小龙虾大调查》记录表，引导幼儿近距离观察小龙虾的种类、生长环境和生长过程。

潜江市机关幼儿园

周姗

活 动 二

投掷小能手

（重点领域：健康）

（一）活动目标

（1）愿意参与游戏，体验集体游戏的快乐。

（2）能单手将沙包向前投掷5米左右。

（3）学习肩上挥臂投准的动作要领。

（二）活动准备

（1）知识经验准备：幼儿掌握匍匐动作技能。

（2）物质材料准备：垒球、投掷网、小筐、哨子、音乐。

（三）活动过程

1. 创设情境，热身活动

（1）谈话引入。

师：小朋友们，大家好！"龙虾节"游戏活动开始啦，我们一起出发吧！

（2）热身活动。

播放《龙虾体操》音乐，师幼一起做热身操。轻松明快的音乐节奏有效地帮助幼儿全身预热，音乐内容贴近活动主题，与接下来的环节紧密相连。

师：让我们一起跟随音乐运动起来吧！跑一跑，跳一跳，弯弯腰，踢踢腿。

2. 学习投掷的动作

（1）教师示范讲解投掷动作。

师：双腿分前后站立，将垒球屈臂举到肩上，微微转动上身，手臂发力向前方将垒球投掷出去。

（2）幼儿空手练习投掷。

①幼儿进行空手投掷练习。

②个别幼儿展示投掷动作，教师点评指导。

（3）分组投掷练习。

幼儿站在离投掷网5米远的线上，正对自己前方的投掷网。听到口令后，将垒球投向投掷网。

3. 体育游戏"打败怪兽"

（1）介绍游戏，讲解规则。

玩法：幼儿手执"炸弹"，匍匐爬过"草地"，跨跳过"壕沟"，跑到"怪兽区"进行投击，以击中前方5米的怪兽为胜。

（2）播放音乐，组织游戏。教师引导幼儿遵守游戏规则，一个跟着一个，按规定路线参与游戏，重点提醒投掷动作。

（3）比赛。

师：现在我们来分成四组，比一比看哪组队员打中的怪兽最多。听到口令后，第一个幼儿手执"炸弹"，匍匐爬过"草地"，跨跳过"壕沟"，跑到"怪兽区"进行投掷，迅速返回与下名幼儿进行拍手接力。依次进行，最先完成击中怪兽比赛的一组为胜。

4. 情感体验，放松活动

（1）播放轻松的音乐，教师和幼儿一起做放松运动。

（2）师：小朋友们，你们真是太厉害了！今天，你们的游戏挑战成功，心里感到怎么样？

（四）活动延伸

1. 区域延伸

将投掷活动材料投放至固定器材区，鼓励幼儿自主进行投掷游戏。

2. 家园延伸

家长带领幼儿一起利用沙包进行投准活动，进一步巩固投掷动作。

潜江市机关幼儿园

万莉

活 动 三

稻田里的小龙虾

（重点领域：社会）

（一）活动目标

（1）感受生命的成长，体验集体实践活动的快乐。

（2）能看懂路线图，感受图文并茂的路线图在生活中的作用。

（3）了解小龙虾的习性和生长环境，领略大自然生生不息的活力和魅力。

（二）活动准备

（1）教师准备：提前联系好小龙虾养殖基地，预设参观的路线和稻田。

（2）幼儿准备：了解活动的地点及任务；穿合适的服装和鞋。

（3）物质材料准备：社会实践手札，画纸、黏土、彩纸、画笔等美工制作材料。

（三）活动过程

1. 谈话导入，引出活动主题

（1）明确社会实践任务。

师：小朋友们，我们知道潜江是小龙虾之乡，我们也品尝过油焖大虾的美味，那你们知道小龙虾生活在什么地方吗？今天我们就要一起去探秘小龙虾生活的地方，你们想去吗？

（2）学看社会实践手札。

师：老师为你们准备了活动手札，看看你们的手札里有什么？图、文字和线条、箭头代表什么呢？有谁能看懂？

小结：手札里的图就是我们要去的地点，以及路上会经过的地方；标注文字的地方就是提醒我们到哪里了，有哪些需要注意的；线条和箭头就是路线，它可以帮助我们快速找到想要去的地方，不走弯路，就像地图一样；提前做好线路规划，能让我们的参观省时省力，更有计划。

2. 参观基地，了解小龙虾的成长史

（1）实地观察小龙虾养殖的方式，初步了解"虾稻共作"的潜江模式。

师：欢迎小朋友来到小龙虾养殖基地，赶快找找小龙虾在哪里吧！（幼儿寻找小龙虾）哈哈，小龙虾藏在稻田里。每年3、4月稻田排水、插秧的时候，农民伯伯就把虾苗放在围沟里暂居。等到秧苗插完，稻田里灌满水，就把虾苗引回稻田，这样虾和水稻就能一起生长了，这也是咱们潜江农民发明的创举"虾稻共作"，现在，"潜江虾稻"可有名啦！

（2）参观科普展厅、文化长廊，进一步了解小龙虾的生活习性。

师：下一站，咱们一起去看看小龙虾展馆，去了解小龙虾的生活习性和生长方式吧！

科普小知识：

适应能力：小龙虾对水质要求不高，适应性强。

掘洞习性：爱挖洞，光线强的时候，它会藏在洞穴里，光线弱时，才会出来活动。

食性极杂：小龙虾是杂食性动物，特别喜欢汁多肥嫩的绿色植物，如水浮莲、葫芦、苦草等，动物性食物包括蚯蚓、水生昆虫的卵、蛹、螺、蚌、鱼肉等。食物缺乏时，还会自相残杀。

蜕壳成长：小龙虾成长过程中也要蜕壳！它会藏在水草丛或植物叶下隐蔽的地方，完成蜕壳。小龙虾一生要蜕壳11～12次。

3. 闲"虾"时光，听虾农伯伯讲故事

（1）听一听，虾农伯伯讲养虾故事。

师：今天我们了解了小龙虾的生长环境、生活习性等，接下来，我们一起听听虾农伯伯讲一讲小龙虾的趣味故事吧！

（2）尝一尝，品尝潜江美食"蒜蓉大虾""蒸虾"。

师：我们在"应接不'虾'"的龙虾故事里感受"虾"生百态，真的很神奇，你们想尝尝美味的小龙虾吗？赶快来吧！

（3）创一创，创意制作小龙虾。

师：我们今天收获可真大，在社会实践中近距离接触了小龙虾，小朋友们想一想，以小龙虾为原型可以创作哪些艺术作品呢？老师相信你们一定有很多的奇思妙想哟！

小结：用绘画、撕贴、黏土等方式设计小龙虾作品。

4. 交流参观感受

（1）交流参观感受。

师：今天，我们实地参观了小龙虾养殖基地，收获满满，谁想来说一说自己的感受？

（2）合影留念。

师：小朋友们，我们一起拍小龙虾的美照，和农民伯伯合影留念！

（四）活动延伸

1. 区域延伸

将活动手札投放至活动区域，幼儿介绍龙虾文化。

2. 家园延伸

家长带幼儿参观龙虾展馆，开展亲子活动"钓龙虾"，做一顿龙虾美食，共享亲子时光。

潜江市机关幼儿园

周姗

活 动 四

小龙虾的秘密

（重点领域：科学）

（一）活动目标

（1）乐意参加科学探究活动，体验探索小龙虾秘密的兴趣。

（2）能够运用观察、比较、记录、分析等方法自主完成探究活动。

（3）初步了解甲壳类十足目动物的主要外形特征。

（二）活动准备

（1）知识经验准备：有参与自主科学探究活动的经验，看得懂记录表。

（2）物质材料准备：活虾数只，分别装在4只盆里；筷子若干；记录表、笔、甲壳类动物图片；观察员、记录员角色卡若干；视频。

（三）活动过程

1. 猜谜语，引出活动主题

师：小小动物真稀奇，天天生活在水里，说它是龙不是龙，头上长着小胡须。生时披件青马褂，熟了只见满身红。小朋友猜猜这是什么动物？我们一起来认识它吧！

2. 学习了解小龙虾的外形特征与生活习性

（1）播放科普视频。

师：小龙虾有几只大钳子？小龙虾的头是什么形状的？它有眼睛吗？它有脚吗？有几只？它的嘴巴长在什么地方？还有触须，触须有什么作用？养小龙虾需要具备什么条件？小龙虾的身体是怎样的呢？

小结：小龙虾是甲壳动物，从幼虾到成虾一共要蜕壳11~12次。尖尖的地方是虾的额角，长长的脚叫步行足，是用来爬行的，短短的脚叫游泳足，是用来游泳的，虾的尾肢能在游泳的时候控制方向。

（2）观察小龙虾，做好记录。

师：请小朋友仔细观察小龙虾，并填写好小龙虾观察记录表，（出示观察记录表，提出观察要求）现在请小朋友自由分成四组，然后带着问题仔细观察一下小龙虾。

幼儿分成四组，请幼儿带着问题去观察小龙虾的外形，并记录在记录表上。

小龙虾的外形特征				
眼睛（只）	触须（短）	触须（长）	足（只）	画一画螯

（3）分享交流记录表。

① 请每组派一名幼儿带上记录表在全体幼儿面前分享自己小组的发现。

② 教师小结：小龙虾的身体外部有一层坚硬的壳，由虾须、虾头、虾身、虾腿、虾尾、虾钳组成，有2只眼睛，2对触角，一对短，一对长；有5对足，最前面的一对足上有2只大钳子，这2只大钳子叫螯；虾尾像三片小扇子，正中间那片连着虾线，相当于人类的肠子。身体被硬硬的壳包围的动物叫"甲壳类动物"，如龙虾、螃蟹。虾、蟹等甲壳动物有5对足，其中4对用来爬行和游泳，还有1对螯足用来御敌和捕食。世界上拥有这些特征的甲壳类动物就是十足目科动物。

3. 尝试通过特征去辨认十足目动物

（1）提出新的问题，拓展幼儿思路。

现在我们知道了十足目动物的一些特征，比方说它有2对触须，有5对足，其中最前面的一对足膨大了，长成了螯。那么在生活中你还知道哪些动物拥有这些特性？

甲壳类动物	
十足目：	其他：

（2）幼儿提出猜想，观察甲壳类动物图片尝试进行分类。

① 师：小朋友们提出了很多猜想，老师为你们准备了一些甲壳类动物的图片。请你们仔细观察这些甲壳类动物的外形并做出判断，将十足目科动物的图片贴到红色的框框里面，将不是十足目科动物的图片贴在绿色的框框里面。

② 小组观察、对比、讨论，得出结论进行记录。

小组分工协作，将各类甲壳类动物图片与小龙虾典型十足目动物的外形特征相对比，得出结论，并将图片贴在相应的框框内。

（3）小组分享讨论结果。

师：每个小组将自己探究的情况分享给大家，如果大家有什么新的发现也可以提出来！

小结：虾、蟹等甲壳动物有5对足，其中4对足用来爬行和游泳，还有1对螯足用来御敌和捕食。世界上拥有这些特征的甲壳类动物就是十足目科动物。

4. 分享交流：潜江小龙虾

（1）观看视频。

播放视频《山水间的家》第三期潜江站中关于小龙虾的片段，幼儿观看家乡小龙虾养殖、加工、销售、特色美食等视频，激发幼儿身为潜江人的自豪感。

（2）引发思考。

师：小朋友，你们知道小龙虾除了可以做成美味的食物以外，还能做什么呢？你们吃完虾的那些壳到哪里去了，你们知道吗？这个问题大家可以回家后和爸爸妈妈一起找找答案，找到答案后可以带到科学区分享给伙伴哟！

（四）活动延伸

1. 区域延伸

在美工区提供材料，幼儿制作"小龙虾"。在科学区投放甲壳类动物图片请幼儿进行分类游戏。

2. 家园延伸

和爸爸妈妈一起找找虾壳衍生品在生活中的应用。

潜江市机关幼儿园

万梅

活 动 五

虾趣

（重点领域：艺术）

（一）活动目标

（1）喜欢参与艺术活动，体验制作虾灯的乐趣。

（2）能利用已有材料制作虾灯，并与同伴两两合作戏虾灯。

（3）了解虾灯的基本构造，尝试用竹篾、彩布、亮片等制作材料，学习虾灯的制作方法。

（二）活动准备

（1）知识经验准备：幼儿熟悉小龙虾的外形特征和身体构造，会捆绑物品并打结，学过虾灯舞和儿歌《恰恰小龙虾》。

（2）物质材料准备：课件、虾灯制作视频一段、虾灯模型1个、虾灯舞音乐一段、半成品虾灯骨架、短绳、棒子、彩布、亮片、手套、粘胶。

（三）活动过程

1. 游戏导入，激发兴趣

师：小朋友们，龙虾节就快到了。龙虾展馆要举办音乐派对，想要邀请我们一起去参加音乐派对，你们想去吗？我们一起来制作一个漂亮的虾灯，带到派对上参加音乐表演吧！

2. 观察结构，认识虾灯

（1）幼儿观看视频，了解虾灯的身体构造。

小结：虾灯是一种传统的表演形式，它的外形是一只小龙虾。身体构造需要先做好内部骨架再给它添上外衣。我们可以先用短绳将竹篾制成的圆圈连接起来形成虾骨架，再裹上彩布，最后贴上亮片，用棍子托起来，虾灯就完成了。

（2）引导幼儿讨论学习虾灯制作方法。

制作步骤：先用短绳组装、固定住虾骨架，再用彩布缠绕在虾骨架的外面形成身体，然后贴上亮片，最后装上2根棒子，调整虾钳、尾巴及整个身体。

（3）个别幼儿上台尝试制作，教师点评。

3. 巩固方法，动手制作

（1）两两一组，讨论制作想法。

教师引导幼儿两人一组分工合作，分工组装身体、裹上彩布，讨论选择什么样的亮片，贴在什么位置，等等。

（2）幼儿分组制作。

教师指导幼儿戴上手套相互配合，大胆制作，教师巡回观察与指导。

（3）成品展示，经验分享。

教师组织幼儿分组展示自己的虾灯，并介绍自己制作虾灯的外形、名字以及制作成功的方法，幼儿间相互欣赏，教师对每组幼儿的虾灯做出评价。

4. 虾灯表演：虾趣

（1）幼儿两两一组，拿着自己的虾灯跟着音乐一起合作跳虾灯舞（教师根据场地大小调整每轮表演人数）。

师：你们做的虾灯实在是太漂亮了，小龙虾潜潜已经迫不及待想看你们的表演了，小龙虾们，拿着你们的虾灯跟着音乐舞动起来吧！

（2）教师对幼儿表现进行鼓励与评价（从道具制作、动作展示、两人合作效果、表现力等方面评价）。

师幼共同总结本次活动（你们刚刚的表演实在是太精彩了，舞动起来就像会跳舞的大龙虾，一定会成为派对上最好看的节目，让我们带着虾灯一起去参加龙虾节的音乐派对吧）。

（四）活动延伸

1. 区域延伸

在美工区投放空白剧本以及绘画用笔，供幼儿设计剧本或者设计新的虾灯样式；将做好的虾灯成品投放到表演区，让结合美工区设计的剧本进行指导，供幼儿表演与舞蹈创编。

2. 家园延伸

鼓励幼儿与父母一起利用虾灯制作方法，采用不一样的材料和小灯在家制作一个会发光的"虾灯"。

（五）主题资源

儿歌《恰恰小龙虾》（节选）

一只小龙虾，小钳夹夹夹。

尾巴摇一摇，快乐笑哈哈。

穿起小盔甲，点头又恰恰。

两只小龙虾，小钳对对夹。

约上小伙伴，快乐来玩耍。

潜江市机关幼儿园

罗秋会

活动六

童话剧《潜潜成长记》

第一幕：苏醒觅食

（背景音乐）

旁白：立春过后，小龙虾潜潜结束了冬眠，从河底的淤泥洞来到了水面，河水清澈极了。潜潜快活地伸了个懒腰。"咕噜咕噜……"肚子叫了起来，它准备去找食物。

潜潜："啊唔，睡了一觉可真舒服呀！咦？妈妈不在家吗？肚子好饿呀，我要去找吃的。"

（背景音乐）

潜潜："哇！水里好多青鳉，看起来好好吃呀。"

旁白：青鳉一看到潜潜，就"嗖"地一下游走了。

（背景音乐）

旁白：潜潜继续游来游去，最后在一片水草上找到了一只小红虫。

潜潜："虽然有点儿小，但还是将就吃一下吧！"

旁白：潜潜咂着嘴吃得有味极了。肚子填饱后，潜潜准备回家去找妈妈，可是心里仍然惦记着美味的青鳉。小河里，小鸭子、小蝌蚪在快活地游着，不停地和潜潜打招呼。不一会儿，潜潜就到家了。

第二幕：蜕壳长大

（背景音乐）

虾妈妈："潜潜回来啦，你到哪儿去了？"

潜潜："妈妈，我出去找吃的了。刚吃了一只小红虫。可是，我什么时候才能抓住大鱼美美地吃一顿呀！"

妈妈："等你长大，自然就能抓到大鱼啦！"

潜潜："可是我怎么知道自己长大了呢？"

妈妈："等你觉得衣服小了，换上新衣服，就是长大了。"

（背景音乐）

旁白：过了一段时间，小龙虾潜潜感觉身上的衣服变小了。

潜潜："妈妈妈妈，我觉得衣服小了，快给我换新衣服吧。"

妈妈："别着急，别着急，会有新衣服的。"

旁白：潜潜眨着眼睛看着妈妈，心里想妈妈什么时候给我准备新衣服。

（背景音乐）

旁白：又过了一段时间，潜潜去问妈妈。

潜潜："妈妈，我觉得衣服小了，您什么时候给我换新衣服？"

妈妈："别着急，别着急，会有新衣服的。"

旁白：小龙虾潜潜实在不愿意忍受身上紧巴巴的衣服，费了九牛二虎之力，把身体从"旧衣服"里解脱了出来。哈，脱下来的旧衣服，就像一只真的龙虾一样站在那里！

（背景音乐）

旁白：潜潜带着疑惑赶紧去找妈妈。

妈妈："我的孩子长大啦，应该有一件像样的衣服啦！等到三天后就会有的。"

（背景音乐）

旁白：潜潜高兴极了，想象着新衣服的款式和颜色。三天过去了，还是没有看见妈妈为潜潜准备新衣服，潜潜一下着急了起来。

潜潜："妈妈，妈妈，您怎么还不给我换新衣服？"

妈妈："新衣服？"

潜潜："是呀，您说过的啊，三天后就会有新衣服的呀。"

妈妈："哈哈，我的孩子，你看看自己的身上……"

（背景音乐）

第三幕：威风凛凛大螯虾

旁白：小龙虾潜潜低头看了看身上，红红的衣服，再用大螯敲一敲，硬硬的。

潜潜："太棒了，谢谢您妈妈！可是，您是什么时候给我换上的呀！"

妈妈："你脱掉旧衣服的时候，就已经换上了新衣服。长着长着变硬了，就成了我们龙虾的盔甲，能保护我们的身体。"

（背景音乐）

旁白：小龙虾潜潜穿着坚硬的盔甲，举起锋利的大钳子，咔嚓咔嚓作响，威风极了。

潜潜："哈哈哈，我长大啦，我已经成为一只真正的大龙虾了，我可以去抓鱼啦！"

旁白：小龙虾潜潜举着两只神气的大钳子，雄赳赳气昂昂地出门了，"咔嚓"大钳子抓住了游过来的青鳉，它把鱼儿紧紧抱在怀里，好好地吃了一顿。小龙虾潜潜越吃越多，越长越大，接着又开始蜕壳。

（背景音乐）

旁白：小龙虾潜潜在不知不觉中经历了11次蜕壳，终于长成了一只巨大的、坚硬的小龙虾，有一对鲜红色的大钳子，威风凛凛，远近闻名。

潜江市机关幼儿园

许晴